Heinrich Heine ist berühmt für seine Aperçus. Er besaß Witz und Brillanz, und er liebte das Fragment, die überschaubare Darstellung. Sein Werk lebt von Assoziationen und treffenden Formulierungen. In seinen Schriften finden sich zahlreiche Glanzlichter, die man mit Freuden aufnimmt. Sie stimmen froh, machen aber auch nachdenklich. Die Aufzeichnungen und Aphorismen dieses Bandes öffnen uns die Augen und verraten uns, wie man den Problemen des Alltags *auch* begegnen kann: mit dem passenden Wort, auch wenn man es nicht laut ausspricht.

insel taschenbuch 3155

Heine für Gestreßte

Heine für Gestreßte

Ausgewählt von

Joseph Anton Kruse

Insel Verlag

Umschlagfoto: David Buffington/getty images

insel taschenbuch 3155
Erste Auflage 2005
Originalausgabe

Vertrieb durch den Suhrkamp Taschenbuch Verlag
Umschlag nach Entwürfen von Willy Fleckhaus
Satz: Hümmer GmbH, Waldbüttelbrunn
Druck: Nomos Verlagsgesellschaft, Baden-Baden
Printed in Germany
ISBN 3-458-34855-7

1 2 3 4 5 6 – 10 09 08 07 06 05

Inhalt

[. . .] ich übergehe sogar oft das Notwendige, z. B. ich habe noch nicht einmal ordentlich zitiert – ich meine nicht Geister, sondern im Gegenteil, ich meine Schriftsteller – und doch ist das Zitieren alter und neuer Bücher das Hauptvergnügen eines jungen Autors, und so ein paar grundgelehrte Zitate zieren den ganzen Menschen.

(Ideen. Das Buch Le Grand, B 2, S. 284)

Welt, Erde, Leben

»Auf einer teutschen Mummerei soll der Teutsche teutsch sprechen!« O deutscher Jüngling, wie finde ich dich und deine Worte sündlich und läppisch in solchen Momenten, wo meine Seele die ganze Welt mit Liebe umfaßt, wo ich Russen und Türken jauchzend umarmen würde, und wo ich weinend hinsinken möchte an die Bruderbrust des gefesselten Afrikaners! Ich liebe Deutschland und die Deutschen; aber ich liebe nicht minder die Bewohner des übrigen Teils der Erde, deren Zahl vierzig mal größer ist, als die der Deutschen. Die Liebe gibt dem Menschen seinen Wert. (Briefe aus Berlin, B 2, S. 47)

So lange er neben mir ging, war gleichsam die ganze Natur entzaubert, sobald er aber fort war, fingen die Bäume wieder an zu sprechen, und die Sonnenstrahlen erklangen und die Wiesenblümchen tanzten, und der blaue Himmel umarmte die grüne Erde. Ja, ich weiß es besser; Gott hat den Menschen erschaffen, damit er die Herrlichkeit der Welt bewundere. Jeder Autor, und sei er noch so groß, wünscht, daß sein Werk gelobt werde. Und in der Bibel, den Memoiren Gottes, steht ausdrücklich: daß er die Menschen erschaffen zu seinem Ruhm und Preis.

(Die Harzreise, B 2, S. 130)

Und sie ließ mich am Leben, und ich lebe, und das ist die Hauptsache. (Ideen. Das Buch Le Grand, B 2, S. 253)

Lebensgruß

(Stammbuchblatt)

Eine große Landstraß ist unsre Erd,
Wir Menschen sind Passagiere;
Man rennet und jaget, zu Fuß und zu Pferd,
Wie Läufer oder Kuriere.

Man fährt sich vorüber, man nicket, man grüßt
Mit dem Taschentuch aus der Karosse;
Man hätte sich gerne geherzt und geküßt,
Doch jagen von hinnen die Rosse.

Kaum trafen wir uns auf derselben Station,
Herzliebster Prinz Alexander,
Da bläst schon zur Abfahrt der Postillon,
Und bläst uns schon auseinander.

(Buch der Lieder, B 1, S. 63 f.)

Wahrhaftig

Wenn der Frühling kommt mit dem Sonnenschein,
Dann knospen und blühen die Blümlein auf;
Wenn der Mond beginnt seinen Strahlenlauf,
Dann schwimmen die Sternlein hintendrein;
Wenn der Sänger zwei süße Äuglein sieht,
Dann quellen ihm Lieder aus tiefem Gemüt; –
Doch Lieder und Sterne und Blümelein,
Und Äuglein und Mondglanz und Sonnenschein,
Wie sehr das Zeug auch gefällt,
So machts doch noch lang keine Welt.

(Buch der Lieder, B 1, S. 64)

Die Welt ist so schön und der Himmel so blau,
Und die Lüfte die wehen so lind und so lau,
Und die Blumen winken auf blühender Au,
Und funkeln und glitzern im Morgentau,
Und die Menschen jubeln, wohin ich schau, –
Und doch möchte ich im Grabe liegen,
Und mich an ein totes Liebchen schmiegen.

(Buch der Lieder, B 1, S. 87)

Zu fragmentarisch ist Welt und Leben!
Ich will mich zum deutschen Professor begeben.
Der weiß das Leben zusammenzusetzen,
Und er macht ein verständlich System daraus;
Mit seinen Nachtmützen und Schlafrockfetzen
Stopft er die Lücken des Weltenbaus.

(Buch der Lieder, B 1, S. 135)

Tirily! Tirily! ich lebe! Ich fühle den süßen Schmerz der Existenz, ich fühle alle Freuden und Qualen der Welt, ich leide für das Heil des ganzen Menschengeschlechts, ich büße dessen Sünden, aber ich genieße sie auch.
Und nicht bloß mit den Menschen, auch mit den Pflanzen fühle ich, ihre tausend grünen Zungen erzählen mir allerliebste Geschichten, sie wissen, daß ich nicht menschenstolz bin, und mit den niedrigsten Wiesenblümchen eben so gern spreche, wie mit den höchsten Tannen.

(Reise von München nach Genua, B 2, S. 327 f.)

Denn wisse, die Zeit ist unendlich, aber die Dinge in dieser Zeit, die faßlichen Körper, sind endlich, [...].

(Nachlese zur Reise von München nach Genua, B 2, S. 619)

Ach, teurer Leser, wenn Du über jene Zerrissenheit klagen willst, so beklage lieber, daß die Welt selbst mitten entzwei gerissen ist. Denn da das Herz des Dichters der Mittelpunkt der Welt ist, so mußte es wohl in jetziger Zeit jämmerlich zerrissen werden. Wer von seinem Herzen rühmt, es sei ganz geblieben, der gesteht nur, daß er ein prosaisches weitabgelegenes Winkelherz hat. Durch das meinige ging aber der große Weltriß, und eben deswegen weiß ich, daß die großen Götter mich vor vielen anderen hoch begnadigt und des Dichtermärtyrtums würdig geachtet haben.

(Die Bäder von Lucca, B 2, S. 406)

»Nichts in der Welt will rückwärts gehen«, sagte mir ein alter Eidechs, »alles strebt vorwärts, und am Ende wird ein großes Naturavancement stattfinden. Die Steine werden Pflanzen, die Pflanzen werden Tiere, die Tiere werden Menschen und die Menschen werden Götter werden.«
»Aber«, rief ich, »was soll denn aus diesen guten Leuten, aus den armen alten Göttern werden?«
»Das wird sich finden, lieber Freund«, antwortete jener; »wahrscheinlich danken sie ab, oder werden auf irgend eine ehrende Art in den Ruhestand versetzt.«

(Die Stadt Lucca, B 2, S. 478 f.)

[...] die Worte »Vaterland, Deutschland, Glauben der Väter usw.« elektrisieren die unklaren Volksmassen noch immer weit sicherer als die Worte: »Menschheit, Weltbürgertum, Vernunft der Söhne, Wahrheit ...!« Ich will hiermit andeuten, daß jene Repräsentanten der Nationalität im deutschen Boden weit tiefer wurzeln als die Repräsentanten des Kosmopolitismus, und daß letztere im Kampfe mit jenen wahrscheinlich den Kürzeren ziehen, wenn sie ihnen nicht schleunigst zuvorkommen [...].

(Ludwig Börne, 4. Buch, B 4, S. 91)

Das Leben ist weder Zweck noch Mittel; das Leben ist ein Recht. Das Leben will dieses Recht geltend machen gegen den erstarrenden Tod, gegen die Vergangenheit, und dieses Geltendmachen ist die Revolution. Der elegische Indifferentismus der Historiker und Poeten soll unsere Energie nicht lähmen bei diesem Geschäfte; und die Schwärmerei der Zukunftbeglücker soll uns nicht verleiten, die Interessen der Gegenwart und das zunächst zu verfechtende Menschenrecht, das Recht zu leben, aufs Spiel zu setzen.

(Verschiedenartige Geschichtsauffassung, B 3, S. 23)

Weltlauf

Hat man viel, so wird man bald
Noch viel mehr dazu bekommen
Wer nur wenig hat, dem wird
Auch das wenige genommen.

Wenn du aber gar nichts hast,
Ach, so lasse dich begraben –
Denn ein Recht zum Leben, Lump,
Haben nur die etwas haben.

(Romanzero, B 6/I, S. 105)

Die Herrlichkeit der Welt ist immer adäquat der Herrlichkeit des Geistes, der sie betrachtet – Der Gute findet hier sein Paradies – der Schlechte genießt schon hier seine Hölle –

(Aufzeichnungen, B 6/I, S. 627)

Natur

Prolog

Schwarze Röcke, seidne Strümpfe,
Weiße, höfliche Manschetten,
Sanfte Reden, Embrassieren –
Ach, wenn sie nur Herzen hätten!

Herzen in der Brust, und Liebe,
Warme Liebe in dem Herzen –
Ach, mich tötet ihr Gesinge
Von erlognen Liebesschmerzen.

Auf die Berge will ich steigen,
Wo die frommen Hütten stehen,
Wo die Brust sich frei erschließet,
Und die freien Lüfte wehen.

Auf die Berge will ich steigen,
Wo die dunkeln Tannen ragen,
Bäche rauschen, Vögel singen,
Und die stolzen Wolken jagen.

Lebet wohl, ihr glatten Säle!
Glatte Herren, glatte Frauen!
Auf die Berge will ich steigen,
Lachend auf euch niederschauen.

(Buch der Lieder, Aus der Harzreise,
B 1, S. 168)

Eben wie ein großer Dichter, weiß die Natur auch mit den wenigsten Mitteln die größten Effekte hervorzubringen. Da sind nur eine Sonne, Bäume, Blumen, Wasser und Liebe. Freilich, fehlt letztere im Herzen des Beschauers, so mag das Ganze wohl einen schlechten Anblick gewähren, und die Sonne hat dann wohl bloß so und so viel Meilen im Durchmesser, und die Bäume sind gut zum Einheizen, und die Blumen werden nach den Staubfäden klassifiziert, und das Wasser ist naß. (Die Harzreise, B 2, S. 112)

Er machte mich auch aufmerksam auf die Zweckmäßigkeit und Nützlichkeit der Natur. Die Bäume sind grün, weil Grün gut für die Augen ist. Ich gab ihm Recht und fügte hinzu, daß Gott das Rindvieh erschaffen, weil Fleischsuppen den Menschen stärken, daß er die Esel erschaffen, damit sie dem Menschen zu Vergleichungen dienen können, und daß er den Menschen selbst erschaffen, damit er Fleischsuppen essen und kein Esel sein soll.

(Die Harzreise, B 2, S. 130)

Da hat man es doch besser in der Naturgeschichte, da können nicht so viele Veränderungen vorgehen, und da gibt es bestimmte Kupferstiche von Affen, Kinguruhs, Zebras, Nashornen usw. Weil mir solche Bilder im Gedächtnisse blieben, geschah es in der Folge sehr oft, daß mir manche Menschen beim ersten Anblick gleich wie alte Bekannte vorkamen. (Ideen. Das Buch Le Grand, B 2, S. 269)

Gar besonders wunderbar wird mir zu Mute, wenn ich allein in der Dämmerung am Strande wandle, – hinter mir flache Dünen, vor mir das wogende, unermeßliche Meer, über mir der Himmel wie eine riesige Kristallkuppel – ich erscheine mir dann selbst sehr ameisenklein, und dennoch dehnt sich meine Seele so weltenweit. Die hohe Einfachheit der Natur, wie sie mich hier umgibt, zähmt und erhebt mich zu gleicher Zeit, und zwar in stärkerem Grade als jemals eine andere erhabene Umgebung.

(Die Nordsee III, B 2, S. 226)

Ich kenne alle Schauspielerinnen Deutschlands und die Dichter weiß ich auswendig. Und gar die Natur! Ich bin zweihundert Meilen gereist, Tag und Nacht durch, um in Schottland einen einzigen Berg zu sehen. Italien aber geht mir über alles. Wie gefällt Ihnen hier diese Naturgegend? Welche Schöpfung! Sehen Sie mal die Bäume, die Berge, den Himmel, da unten das Wasser – ist nicht alles wie gemalt? Haben Sie es je im Theater schöner gesehen?

(Die Bäder von Lucca, B 2, S. 404)

Die umgebende Natur wirkt auf den Menschen – warum nicht auch der Mensch auf die Natur, die ihn umgibt? In Italien ist sie leidenschaftlich wie das Volk, das dort lebt; bei uns in Deutschland ist sie ernster, sinniger und geduldiger. Hatte einst wie die Menschen auch die Natur mehr inneres Leben?

(Die Stadt Lucca, B 2, S. 477)

Nur wenige Steine haben Gefühl, und nur im Mondschein atmen sie. Aber diese wenige Steine, die ihren Zustand fühlen, sind schrecklich elend. Die Bäume sind viel besser daran, sie können weinen. Die Tiere aber sind am meisten begünstigt, denn sie können sprechen, jedes nach seiner Art und die Menschen am besten. Einst, wenn die ganze Welt erlöst ist, werden alle anderen Erschaffnisse ebenfalls sprechen können, wie in jenen uralten Zeiten, wovon die Dichter singen. (Die Stadt Lucca, B 2, S. 477 f.)

[...]

Menschenrechte! Menschenrechte!
Wer hat Euch damit belehnt?
Nimmer tat es die Natur,
Diese ist nicht unnatürlich.

Menschrechte! Wer gab Euch
Diese Privilegien?
Wahrlich nimmer die Vernunft,
Die ist nicht so unvernünftig!

Menschen, seid Ihr etwa besser
Als wir Andre, weil gesotten
Und gebraten Eure Speisen?
Wir verzehren roh die unsern,

Doch das Resultat am Ende
Ist dasselbe – Nein, es adelt

Nicht die Atzung; der ist edel,
Welcher edel fühlt und handelt.

[...]
(Atta Troll. Ein Sommernachtstraum,
B 4, S. 507)

In den Flaschen sehe ich Greul, die ihr Inhalt erzeugen wird – glaube im Naturalienkabinett Flaschen mit Mißgeburten, Schlangen und Embryos zu sehen –

(Aufzeichnungen, B 6/I, S. 618)

Wenn das Laster so großartig, wird es minder empörend. Die Engländerin beim Anblick eines ungeheuren Herkules, sie, die sonst eine Scheu vor nackten Statuen, war hier weniger schockiert: »Bei solchen Dimensionen scheint mir die Sache nicht mehr so unanständig.«

(Aufzeichnungen, B 6/I, S. 622)

Der Gedanke ist die unsichtbare Natur, die Natur der unsichtbare Gedanke – (Aufzeichnungen, B 6/I, S. 624)

Tag und Nacht

Es ging schon gegen Mitternacht, da begab ich mich nach dem Hause meiner Dulcinea de Toboso, um unter ihren Fenstern die Rolle meines Almansor in der Wirklichkeit zu spielen. Aber ich hatte leider keinen Mantel wie mein Almansor, und mußte frieren wie ein Schneider. Auch hatte ich statt einer hellgestirnten andalousischen Sommernacht nur einen aschgrauen Himmel, feuchten hamburger Nationalwind, und durchfröstelndes Regengeträufel. Denn der gelbe Kuppler, der mich so oft belogen, hatte sich aus Scham hinter seine Wolkenbatterien verkrochen, und beleuchtete nur mit einzelnen Stralen das Haus aller Häuser.

(An Heinrich Straube, Anfang März 1821, HSA 20, S. 40)

O Christian, wüßtest Du, wie meine Seele nach Frieden lechzt, und wie sie doch täglich mehr und mehr zerrissen wird. Ich kann fast keine Nacht mehr schlafen. Im Traum seh ich meine sogenannten Freunde, wie sie sich Geschichtchen und Notizchen in die Ohren zischeln, die mir wie Bleytropfen in's Hirn rinnen. Des Tags verfolgt mich ein ewiges Mißtrauen, überall hör ich meinen Namen und hinterdrein ein höhnisches Gelächter.

(An Christian Sethe, 14. 4. 1822, HSA 20, S. 50)

Morgens steh ich auf und frage:
Kommt feins Liebchen heut?
Abends sink ich hin und klage:
Ausblieb sie auch heut.

In der Nacht mit meinem Kummer
Lieg ich schlaflos wach;
Träumend, wie im halben Schlummer,
Wandle ich bei Tag.

(Buch der Lieder, B 1, S. 38)

Der Tod das ist die kühle Nacht,
Das Leben ist der schwüle Tag.
Es dunkelt schon, mich schläfert,
Der Tag hat mich müd gemacht.

Über mein Bett erhebt sich ein Baum,
Drin singt die junge Nachtigall;
Sie singt von lauter Liebe,
Ich hör es sogar im Traum.

(Buch der Lieder, B 1, S. 149)

Das Abendrot umhüllte die Berge mit Purpurmänteln, und die letzten Sonnenstrahlen beleuchteten ihre Gipfel, daß es aussah, als wären sie Könige mit goldenen Kronen auf den Häuptern. Ich stand aber, wie ein Kaiser der Welt, in der Mitte dieser gekrönten Vasallen, die schweigend mir huldigten. (Die Stadt Lucca, B 2, S. 483)

Was ist das? rief ich, als die Lichter mein Auge blendeten und die Menschenströme durch die Gassen sich wälzten. Ist ein ganzes Volk als nächtliches Gespenst aus dem Grabe gestiegen, um im tollsten Mummenschanz das Leben nachzuäffen? Die hohen, trüben Häuser sind mit Lampen verziert, überall aus den Fenstern hängen bunte Teppiche, die morschgrauen Wände fast bedeckend, und darüber lehnen sich holde Mädchengesichter, so frisch, so blühend, daß ich wohl merke, es ist das Leben selbst, das sein Vermählungsfest mit dem Tode feiert und Schönheit und Jugend dazu eingeladen hat. (Die Stadt Lucca, B 2, S. 488)

Ich glaube mit diesen flüchtigen Bemerkungen genugsam angedeutet zu haben, wie jede Frage über den Charakter, den die Revolution in Deutschland annehmen möchte, sich in eine Frage über den Zustand der Zivilisation und der politischen Bildung des deutschen Volks verwandeln muß, wie diese Bildung ganz abhängig ist von der Preßfreiheit, und wie es unser ängstlichster Wunsch sein muß, daß durch letztere bald recht viel Licht verbreitet werde, ehe die Stunde kommt, wo die Dunkelheit mehr Unheil stiftet als die Leidenschaft, und Ansichten und Meinungen, je weniger sie vorher erörtert und besprochen werden, um so grauenhaft stürmischer auf die blinde Menge wirken und von den Parteien als Losungsworte benutzt werden.

(Einleitung zu: Kahldorf über den Adel, B 2, S. 660)

Aus »Nachtgedanken«

Denk ich an Deutschland in der Nacht,
Dann bin ich um den Schlaf gebracht,
Ich kann nicht mehr die Augen schließen,
Und meine heißen Tränen fließen.

[...]

Gottlob! durch meine Fenster bricht
Französisch heitres Tageslicht;
Es kommt mein Weib, schön wie der Morgen,
Und lächelt fort die deutschen Sorgen.

(Neue Gedichte, B 4, S. 432 f.)

Ja, lieber Bruder, ich leide noch immer Tag und Nacht an den entsetzlichsten Krämpfen und da diese jetzt besonders meinen Unterleib bis zur Herzgrube ergriffen haben und ich zusammengezogen in einem Knäul nur auf einer Seite liegen kann, so sind auch meine Constipationen viel peinlicher geworden und ich muß oft 14 Tage lang mich abmartern, ehe ich zu Stuhle kommen kann. Dabei weiß ich mich nur durch Morphine Erleichterung zu schaffen. Ich nehme zuweilen 7 Gran in 24 Stunden und lebe in einer wüsten Betäubniß. Wie wird dieses endigen?

(An seinen Bruder, den Arzt Maximilian Heine, 9. 1. 1850, HSA 23, S. 19)

Gibts in der Geschichte auch Tag und Nacht wie in der Natur? – Mit den drei ersten Jahrhunderten des Christentums beginnt die Dämmerung, wehmütiges Abendrot der Neoplatoniker, Mittelalter dicke Nacht, jetzt Morgenlicht –

ich grüße dich, Phöbus Apollo – welche Träume in jener Nacht, welche Gespenster, welche Nachtwandler, welcher Straßenlärm, Mord und Totschlag – ich werde davon erzählen – (Aufzeichnungen, B 6/I, S. 620)

In dunkeln Zeiten wurden die Völker am besten durch die Religion geleitet, wie in stockfinstrer Nacht ein Blinder unser bester Wegweiser ist; er kennt dann Wege und Stege besser als ein Sehender – Es ist aber töricht, sobald es Tag ist, noch immer die alten Blinden als Wegweiser zu gebrauchen – (Aufzeichnungen, B 6/I, S. 640)

Um meine Wiege spielten die letzten Mondlichter des achtzehnten und das erste Morgenrot des neunzehnten Jahrhunderts. (Aufzeichnungen, B 6/I, S. 641)

Blumen

Es ärgert mich jedes Mal, wenn ich sehe, daß man auch Gottes liebe Blumen, eben so wie uns, in Kasten geteilt hat, und nach ähnlichen Äußerlichkeiten, nämlich nach Staubfäden-Verschiedenheit. Soll doch mal eine Einteilung stattfinden, so folge man dem Vorschlage Theophrasts, der die Blumen mehr nach dem Geiste, nämlich nach ihrem Geruch, einteilen wollte. Was mich betrifft, so habe ich in der Naturwissenschaft mein eigenes System, und demnach teile ich alles ein: in dasjenige, was man essen kann, und in dasjenige, was man nicht essen kann. (Die Harzreise, B 2, S. 156)

Du bist wie eine Blume,
So hold und schön und rein;
Ich schau dich an, und Wehmut
Schleicht mir ins Herz hinein.

Mir ist, als ob ich die Hände
Aufs Haupt dir legen sollt,
Betend, daß Gott dich erhalte
So rein und schön und hold.

(Buch der Lieder, B 1, S. 131)

Da war kein echtes Gefühl, sondern nur ein herkömmlich theatralisches Aufblähen, kein begeistertes Wort, sondern nur stelzenhafte Komödiantenhofsprache, und bis auf einige echte Veilchen war alles nur ausgeschnitzeltes Papierblumenwerk.

(Besprechung von Michael Beers »Struensee«, B 1, S. 430)

Wir wollen jetzt Frieden machen,
Ihr lieben Blümelein.
Wir wollen schwatzen und lachen,
Und wollen uns wieder freun.

Du weißes Maienglöckchen,
Du Rose mit rotem Gesicht,
Du Nelke mit bunten Fleckchen,
Du blaues Vergißmeinnicht!

Kommt her, ihr Blumen, jede
Soll mir willkommen sein –
Nur mit der schlimmen Resede
Laß ich mich nicht mehr ein.

(Buch der Lieder, B 1, S. 232)

Während die Sonne immer schöner und herrlicher aus dem Himmel hervorblühte, und Berg und Burgen mit Goldschleiern umkleidete, wurde es auch in meinem Herzen immer heißer und leuchtender, ich hatte wieder die ganze Brust voll Blumen, und diese sproßten hervor und wuchsen mir gewaltig über den Kopf, und durch die eignen Herzblumen hindurch lächelte wieder himmlisch die schöne Spinnerin. Befangen in solchen Träumen, selbst ein Traum, kam ich nach Italien, und da ich während der Reise schon ziemlich vergessen hatte, daß ich dorthin reiste, so erschrak ich fast, als mich all die großen italienischen Augen plötzlich ansahen, und das buntverwirrte italienische Leben mir leibhaftig, heiß und summend, entgegenströmte.

(Reise von München nach Genua, B 2, S. 343)

Ich träumte mich nämlich wieder einige Stunden zurück, ich kam wieder an in Trient, ich staunte wieder wie vorher, und jetzt um so mehr, da lauter Blumen statt Menschen in den Straßen spazieren gingen.

Da wandelten glühende Nelken, die sich wollüstig fächerten, kokettierende Balsaminen, Hyazinthen mit hübschen leeren Glockenköpfchen, hinterher ein Troß von schnurrbärtigen Narzissen und tölpelhaften Rittersporen. An der Ecke zankten sich zwei Maßliebchen. Aus dem Fenster eines alten Hauses von krankhaftem Aussehen guckte eine gesprenkelte Levkoje, gar närrisch buntgeputzt, und hinter ihr erklang eine niedlich duftende Veilchenstimme. Auf dem Balkon des großen Palazzos am Markte war der ganze Adel versammelt, die hohe Noblesse, nämlich jene Lilien, die nicht arbeiten und nicht spinnen und sich doch eben so prächtig dünken wie König Salomon in all seiner Herrlichkeit. [...] Vor Angst eilte ich in den Dom, und überrannte fast ein altes hinkendes Stiefmütterchen, das sich von einem Gänseblümchen das Gebetbuch nachtragen ließ. Im Dome aber war es wieder recht angenehm; in langen Reihen saßen da Tulpen von allen Farben und bewegten andächtig die Köpfe. Im Beichtstuhl saß ein schwarzer Rettich, und vor ihm kniete eine Blume, deren Gesicht nicht zum Vorschein kam. Doch sie duftete so wohlbekannt schauerlich, daß ich seltsamerweise wieder an die Nachtviole dachte, die im Zimmer stand, wo die tote Maria lag. Als ich wieder aus dem Dome trat, begegnete mir ein Leichenzug von lauter Rosen mit schwarzen Flören und weißen Taschentüchern, und ach! auf der Bahre lag die frühzerrissene Rose, die ich am Busen der kleinen Harfenistin kennen gelernt. Sie sah jetzt noch viel anmutiger aus, aber ganz kreideblaß, eine weiße Rosenleiche.

(Reise von München nach Genua, B 2, S. 355 f.)

Jedenfalls ist aber dieses »Nibelungenlied« von großer gewaltiger Kraft. Ein Franzose kann sich schwerlich einen Begriff davon machen. Und gar von der Sprache worin es gedichtet ist. Es ist eine Sprache von Stein und die Verse sind gleichsam gereimte Quadern. Hie und da, aus den Spalten, quellen rote Blumen hervor, wie Blutstropfen, oder zieht sich der lange Epheu herunter, wie grüne Tränen.

(Die romantische Schule, 3. Buch, B 3, S. 455)

O welche Träume! Träume des Kerkers, des Elends, des Wahnsinns, des Todes! Ein schrillendes Gemisch von Unsinn und Weisheit, eine bunte vergiftete Suppe, die nach Sauerkraut schmeckt und nach Orangenblüten riecht! Welch ein grauenhaftes Gefühl, wenn die nächtlichen Träume das Treiben des Tages verhöhnen, und aus den flammenden Mohnblumen die ironischen Larven hervorgucken und Rübchen schaben, und die stolzen Lorbeerbäume sich in graue Disteln verwandeln, und die Nachtigallen ein Spottgelächter erheben ... (Ludwig Börne, B 4, S. 125)

Einst sah ich viele Blumen blühen
An meinem Weg; jedoch zu faul,
Mich pflückend nieder zu bemühen,
Ritt ich vorbei auf stolzem Gaul.

Jetzt, wo ich todessiech und elend,
Jetzt, wo geschaufelt schon die Gruft,
Oft im Gedächtnis höhnend, quälend,
Spukt der verschmähten Blumen Duft.

Besonders eine feuergelbe
Viole brennt mir stets im Hirn.
Wie reut es mich, daß ich dieselbe
Nicht einst genoß, die tolle Dirn.

Mein Trost ist: Lethes Wasser haben
Noch jetzt verloren nicht die Macht,
Das dumme Menschenherz zu laben
Mit des Vergessens süßer Macht.

(Gedichte 1853 und 1854, B 6/I, S. 203)

Ihr armen Frauen, ihr seid wahrhaftig übel dran. Die Juden in ihren Gebeten danken täglich dem lieben Gott, daß er sie nicht als Frauenzimmer zur Welt kommen ließ. Naives Gebet von Menschen, die eben durch Geburt nicht glücklich sind, aber ein weibliches Geschöpf zu sein für das schrecklichste Unglück halten! Sie haben recht, selbst in Frankreich, wo das weibliche Elend mit so vielen Rosen bedeckt wird. (Lutetia I, B 5, S. 319)

In der Zeit der Romantiker liebte man in der Blume nur den Duft – in unserer Zeit liebt man in ihr die keimende Frucht – Neigung zur praktischen, zur Prosa – zum Hausbackenen –

(Aufzeichnungen, B 6/I, S. 625)

Vögel und andere Tiere

Kümmere Dich nicht um bellende Hunde. Der Mond wird noch immer im selben Glanze leuchten, wenn längst die Hunde verstummt sind, die ihn anbellen. Sein Goldschimmer erstreckt sich über die ganze Erde. Aber wie weit erstreckt sich die Stimme eines Hundes?

(An Friedrich Steinmann in Bonn, 29. 10. 1820, HSA 20, S. 30)

Wie gern küßte ich Dir noch einmal die scharmanten Katzenfötchen ehe ich mich aus dieser Gegend entferne! Auch von Amiechen wird mir der Abschied schwer. Die kleine Bestie hat mir hier wahrlich manche Stunde verschönert. Wenn ich des Abends lese sitzt das nette Thierchen auf meiner Schulter, und fängt immer an zu bellen wenn ich an eine schöne Stelle des Buches komme. Amiechen hat mehr Verstand und Gefühl als alle deutschen Philosophen und Poeten. –

(An Charlotte Embden, 11. 1. 1824, HSA 20, S. 135)

Auf dem Wege traf ich meistens Krämer, die nach der Braunschweiger Messe zogen, auch einen Schwarm Frauenzimmer, deren jede ein großes, fast häuserhohes, mit weißem Leinen überzogenes Behältnis auf dem Rücken trug. Darin saßen allerlei eingefangene Singvögel, die beständig piepsten und zwitscherten, während ihre Trägerinnen lustig dahinhüpften und schwatzten. Mir kam es gar närrisch vor, wie so ein Vogel den andern zu Markte trägt.

(Die Harzreise, B 2, S. 108)

Die Hindus sind so dumm nicht, wie unsere Missionäre glauben, sie ehren die Tiere wegen der menschlichen Seele, die sie in ihnen vermuten, und wenn sie Lazarette für invalide Affen stiften, in der Art unserer Akademien, so kann es wohl möglich sein, daß in jenen Affen die Seelen großer Gelehrten wohnen, da es hingegen bei uns ganz sichtbar ist, daß in einigen großen Gelehrten nur Affenseelen stecken.

(Die Nordsee III, B 2, S. 227)

Steigt gar die Sonne hervor, so fühlt er [der Adler] sich wieder wie sonst und fliegt zu ihr hinauf, und wenn er hoch genug ist, singt er ihr entgegen seine Lust und Qual. Seine Mittiere, besonders die Menschen, glauben, der Adler könne nicht singen, und sie wissen nicht, daß er dann nur singt, wenn er aus ihrem Bereich ist, und daß er aus Stolz nur von der Sonne gehört sein will. Und er hat Recht; es könnte irgend einem von der gefiederten Sippschaft da unten einfallen, seinen Gesang zu rezensieren. Ich habe selbst erfahren, wie solche Kritiken lauten: das Huhn stellt sich dann auf ein Bein und gluckt, der Sänger habe kein Gemüt; der Truthahn kullert, es fehle ihm der wahre Ernst; die Taube girrt, er kenne nicht die wahre Liebe; die Gans schnattert, er sei nicht wissenschaftlich; der Kapaun kikert, er sei nicht moralisch; der Dompfaff zwitschert, er habe leider keine Religion; Wiedehöpfchen, Elsterchen, Schuhuchen, alles krächzt und ächzt und schnarrt – Nur die Nachtigall stimmt nicht ein in diese Kritiken, unbekümmert um die ganze Mitwelt, ist nur die rote Rose ihr einziger Gedanke und ihr einziges Lied, sehnsüchtig umflattert sie die rote Rose, und stürzt sich begeistert in die geliebten Dornen, und blutet und singt.

(Reise von München nach Genua, B 2, S. 328 f.)

Den ganzen Tag sah ich diese Augen, und ich träumte davon in der folgenden Nacht. Da saß sie wieder und lächelte, die Tauben flatterten hin und her wie Liebesengel, auch die weiße Taube über ihrem Haupte bewegte mystisch die Flügel, hinter ihr hoben sich immer gewaltiger die behelmten Wächter, vor ihr hin jagte der Bach, immer stürmischer und wilder, die Weinreben umrankten mit ängstlicher Hast das gekreuzigte Holzbild, das sich schmerzlich regte und die leidenden Augen öffnete und aus den Wunden blutete – sie aber spann und lächelte, und an dem Faden ihres Wokkens, gleich einer tanzenden Spindel, hing mein eigenes Herz. (Reise von München nach Genua, B 2, S. 342)

Was ist der Mensch! Man geht vergnügt vor dem Altonaer Tore, auf dem Hamburger Berg, spazieren, und besieht dort die Merkwürdigkeiten, die Löwen, die Gevögel, die Papagoyim, die Affen, die ausgezeichneten Menschen, und man läßt sich Karussell fahren oder elektrisieren, und man denkt, was würde ich erst für Vergnügen haben an einem Orte, der noch zweihundert Meilen von Hamburg entfernt ist, in dem Lande wo die Zitronen und Orangen wachsen, in Italien! (Die Bäder von Lucca, B 2, S. 402)

Die Eidechsen sind ein ironisches Geschlecht, und betören gern die anderen Tiere. Aber sie waren gegen mich so demütig, sie seufzten so ehrlich, sie erzählten mir Geschichten von Atlantis, die ich nächstens aufschreiben will, zu Nutz und Frommen der Welt. Es war mir so innig zu Mute bei den kleinen Wesen, die gleichsam die geheimen Annalen der Natur aufbewahren. (Die Stadt Lucca, B 2, S. 478)

So ein Adler hat einen unerträglich stolzen Blick, und sieht einen an, als wollte er sagen: »Was bist du für ein Vogel? Weißt du wohl, daß ich noch immer ein König bin, eben so gut wie in jenen Heldenzeiten, als ich Jupiters Blitze trug und Napoleons Fahnen schmückte? Bist du etwa ein gelehrter Papagoi, der die alten Lieder auswendig gelernt hat und pedantisch nachplappert? Oder eine vermüffte Turteltaube, die schön fühlt und miserabel gurrt? Oder eine Almanachsnachtigall? Oder ein abgestandener Gänserich, dessen Vorfahren das Kapitol gerettet! Oder gar ein serviler Haushahn, dem man, aus Ironie, das Emblem des kühnen Fliegens, nämlich mein Miniaturbild, um den Hals gehängt hat, und der sich deshalb so mächtig spreizt, als wäre er nun selbst ein Adler?« (Die Stadt Lucca, B 2, S. 482 f.)

Ach! der Wolf hat die Garderobe der alten Großmutter angezogen, und zerreißt Euch armen Rotkäppchen der Freiheit. (Einleitung zu: Kahldorf über den Adel, B 2, S. 666)

Ich bin krank wie ein Hund, arbeite wie ein Pferd, und bin arm wie eine Kirchmaus.

(An James de Rothschild, 13. 1. 1855, HSA 23, S. 406)

Lebewohl

Hatte wie ein Pelikan
Dich mit eignem Blut getränket,
Und du hast mir jetzt zum Dank
Gall und Wermut eingeschenket.

Böse war es nicht gemeint,
Und so heiter blieb die Stirne;
Leider mit Vergesslichkeit
Angefüllt ist dein Gehirne.

Nun leb wohl – du merkst es kaum,
Daß ich weinend von dir scheide.
Gott erhalte, Törin, dir
Flattersinn und Lebensfreude!

(Nachgelassene Gedichte 1845-1856,
B 6/I, S. 338)

Im warmen Nestchen einer dürren Pappel sitzt der Spatz und die Spätzin und piepen von häuslicher Zufriedenheit und ehelichem Glück – (Aufzeichnungen, B 6/I, S. 613)

Die alte Harfe liegt im hohen Gras. Der Harfner ist gestorben. Die talentvollen Affen kommen herab von den Bäumen und klimpern darauf – die Eule sitzt mürrisch rezensierend – die Nachtigall singt der Rose ihr Lied; sobald es ganz dunkel wird, überwältigt sie die Liebe, und sie stürzt auf den Rosenstrauch, und zerrissen von den Dornen, verblutet sie – der Mond geht auf – der Nachtwind säuselt in den Saiten der Harfe – die Affen glauben, es sei der tote Harfner, und entfliehen. (Aufzeichnungen, B 6/I, S. 613)

Nach den fetten Kühen die mageren, nach den mageren gar kein Fleisch. (Aufzeichnungen, B 6/I, S. 619)

Geflügel bekommen wir nur dann, wenn uns etwa eine Fliege in die Suppe fällt. (Aufzeichnungen, B 6/I, S. 619)

Die Affen sehen auf die Menschen herab wie auf eine Entartung ihrer Rasse, so wie die Holländer das Deutsche für verdorbenes Holländisch erklären.

(Aufzeichnungen, B 6/I, S. 619)

Kampf der Philosophen gegen die Religion – zerstören die heidnische, aber eine neue, die christliche, steigt hervor, auch diese ist bald abgefertigt, doch es kommt gewiß eine neue, und die Philosophen werden wieder eine neue Arbeit bekommen, jedoch wieder vergeblich; die Welt ist ein großer Viehstall, der nicht so leicht wie der des Augias gereinigt werden kann, weil, während er gefegt wird, die Ochsen drinbleiben und immer neuen Mist anhäufen –

(Aufzeichnungen, B 6/I, S. 623)

Älian erzählt, daß der Löwe, wenn er zornig, einen Affen essen müsse; nichts anderes kann ihn besänftigen.

(Aufzeichnungen, B 6/I, S. 628)

Der tugendhafte Fleischerhund, welcher immer den Fleischkorb unangetastet zu den Kunden seines Herrn brachte, ward von andern Hunden überfallen, die sich über das Fleisch hermachten. Als er sah, daß die ganze Welt aß, aß er mit. (Aufzeichnungen, B 6/I, S. 641)

Es gibt Leute, welche den Vogel ganz genau zu kennen glauben, weil sie das Ei gesehen, woraus er hervorgekrochen.

(Aufzeichnungen, B 6/I, S. 643)

Der Hund, dem man einen Maulkorb anlegte, bellt mit dem Hintern – Das Denken auf Umweg äußert sich noch mißduftiger, durch Perfidie des Ausdrucks –

(Aufzeichnungen, B 6/I, S. 650)

Menschen

Ich kenne zu gut die Menschen im Allgemeinen, um nicht zu wissen, daß man nur Lob erwartet, wenn man auch allerdemüthigst um die strengste Beurtheilung bittet, daß man doch im Herzen letztere ungerecht ansieht, wenn sie tadelnd oder ganz zermalmend ausfällt, und daß, wenn man auch den ehrlichen Beurtheiler deswegen just nicht hassen wird, man ihn doch deshalb nicht noch desto mehr lieben wird. Denn die Menschen sind die eitelsten unter allen Creaturen, und die Poeten sind die eitelsten unter allen Menschen. Wer die Eitelkeit eines Poeten beleidigt, begeht daher ein d o p p e l t e s Majestätsverbrechen.

(An Friedrich Steinmann, 4. 2. 1821, HSA 20, S. 36)

Die eine Dame war die Frau Gemahlin, eine gar große, weitläuftige Dame, ein rotes Quadratmeilen-Gesicht mit Grübchen in den Wangen, die wie Spucknäpfe für Liebesgötter aussahen, ein langfleischig herabhängendes Unterkinn, das eine schlechte Fortsetzung des Gesichtes zu sein schien, und ein hochaufgestapelter Busen, der mit steifen Spitzen und vielzackig festonierten Krägen, wie mit Türmchen und Bastionen umbaut war. Die andere Dame, die Frau Schwester, bildete ganz den Gegensatz der eben beschriebenen. Stammte jene von Pharaos fetten Kühen, so stammte diese von den magern. Das Gesicht nur ein Mund zwischen zwei Ohren, die Brust trostlos öde, wie die Lüneburger Heide; die ganze ausgekochte Gestalt glich einem Freitisch für arme Theologen. (Die Harzreise, B 2, S. 108)

Selten habt Ihr mich verstanden,
Selten auch verstand ich Euch,
Nur wenn wir im Kot uns fanden,
So verstanden wir uns gleich.

(Buch der Lieder, B 1, S. 145)

Was diese Menschen so fest und genügsam zusammenhält, ist nicht so sehr das innig mystische Gefühl der Liebe, als vielmehr die Gewohnheit, das naturgemäße Ineinander-Hinüberleben, die gemeinschaftliche Unmittelbarkeit. Gleiche Geisteshöhe, oder, besser gesagt, Geistesniedrigkeit, daher gleiche Bedürfnisse und gleiches Streben; gleiche Erfahrungen und Gesinnungen, daher leichtes Verständnis unter einander; und sie sitzen verträglich am Feuer in den kleinen Hütten, rücken zusammen, wenn es kalt wird, an den Augen sehen sie sich ab, was sie denken, die Worte lesen sie sich von den Lippen, ehe sie gesprochen worden, alle gemeinsamen Lebensbeziehungen sind ihnen im Gedächtnisse, und durch einen einzigen Laut, eine einzige Miene, eine einzige stumme Bewegung erregen sie unter einander so viel Lachen, oder Weinen, oder Andacht, wie wir bei unseres Gleichen erst durch lange Expositionen, Expektorationen und Deklamationen hervorbringen können.

(Die Nordsee III, B 2, S. 214)

Die Zivilisation hat bei diesen Menschen [in Verona] keine so auffallend neue Politur wie bei uns, wo die Eichenstämme erst gestern gehobelt worden sind, und alles noch nach Firnis riecht.

(Reise von München nach Genua, B 2, S. 361)

Ist es doch eine bekannte Bemerkung, daß die Pfaffen in der ganzen Welt, Rabbinen, Muftis, Dominikaner, Konsistorialräte, Popen, Bonzen, kurz das ganze diplomatische Corps Gottes, im Gesichte eine gewisse Familienähnlichkeit haben, wie man sie immer findet bei Leuten, die ein und dasselbe Gewerbe treiben. (Die Stadt Lucca, B 2, S. 486)

Oder entspricht das Aufkommen gewisser Ideen nur den momentanen Bedürfnissen der Menschen? Suchen sie immer die Ideen, womit sie ihre jedesmaligen Wünsche legitimieren können? In der Tat, die Menschen sind ihrem innersten Wesen nach lauter Doktrinäre; sie wissen immer eine Doktrin zu finden, die alle ihr Entsagungen oder Begehrnisse justifiziert. In bösen, mageren Tagen, wo die Freude ziemlich unerreichbar geworden, huldigen sie dem Dogma der Abstinenz und behaupten, die irdischen Trauben seien sauer; werden jedoch die Zeiten wohlhabender, wird es den Leuten möglich emporzulangen nach den schönen Früchten dieser Welt, dann tritt auch eine heitere Doktrin ins Licht, die dem Leben alle seine Süßigkeit und sein volles, unveräußerliches Genußrecht vindiziert.

(Die romantische Schule, B 3, S. 466 f.)

Das ist es. Der schwarze Negerkönig will weiß gemalt sein. Aber lacht nicht über den armen Afrikaner – jeder Mensch ist ein solcher Negerkönig, und jeder von uns möchte dem Publikum in einer andern Farbe erscheinen, als die ist, womit uns die Fatalität angestrichen hat.

(Geständnisse, B 6/I, S. 449)

Ich, der ich den Lebenden selten Schmeicheleien sage, empfinde auch keinen Beruf, den Abgeschiedenen zu schmeicheln, die wir nur dadurch am besten würdigen, wenn wir die Wahrheit sagen. ([Loeve-Veimars], B 6/I, S. 524)

Ein Landsmann, der mich jüngst besuchte, hat zu meiner größten Freude mir erzählt, wie güthig und graziöse Sie, gnädige Frau, meiner gedenken. In meiner Abgeschiedenheit von der Welt tröstet und erheitert mich oft Ihr Bild, das in der Gemäldegallerie meines Gedächtnisses unter den kostbarsten Werken aufgestellt ist.

(An Betty de Rothschild, 9. 11. 1854, HSA 23, S. 393)

Eine Dame, welche schon anfing, nicht mehr jung zu sein –

(Aufzeichnungen, B 6/I, S. 611)

Süßlich zerquetschtes eingemachtes Gesicht mit ängstlich kleinlichen Augen – lächelnder Gang – Er sprudelte von Dummheit. (Aufzeichnungen, B 6/I, S. 611)

Er ist der witzigste Kopf – es wird interessant und wichtig für die Wissenschaft sein, wenn man an seinem Schädel einst phrenologische Untersuchungen machen kann. Ich wünsche, daß man ihm den Kopf schone, wenn man ihn prügelt, damit die Beulen, die neu sind, nicht für Witz und Poesie gehalten werden –

(Aufzeichnungen, B 6/I, S. 612)

Einfluß der Zeit – mildernde Gesinnung durch beständige Beschäftigung mit dem Gegensatz – der Gardemunizipal, welcher den Cancan am Ende gar nicht mehr so unanständig findet und wohl gar mittanzen möchte – der Protestant, der nach langer Polemik mit dem Katholizismus ihn nicht mehr für so greulhaft ansieht und vielleicht nicht ungern eine Messe hörte – (Aufzeichnungen, B 6/I, S. 620)

Weise erdenken die neuen Gedanken, und Narren verbreiten sie. (Aufzeichnungen, B 6/I, S. 621)

Nach der Erzählung einer edlen Tat der Ausruf: größer als die Pyramiden, als der Himalaja, als alle Wälder und Meere ist das menschliche Herz – es ist herrlicher als die Sonne und der Mond und alle Sterne, strahlender und blühender – es ist unendlich in seiner Liebe, unendlich wie die Gottheit, es ist die Gottheit selbst – (Aufzeichnungen, B 6/I, S. 628)

Neben dem Denker ein prosaischer Mensch, der ruhig sein Geschäft treibt – neben jeder Krippe, worin ein Heiland, eine welterlösende Idee, den Tag erblickt, steht auch ein Ochse, der ruhig frißt – (Aufzeichnungen, B 6/I, S. 635)

Wie vernünftige Menschen oft sehr dumm sind, so sind die Dummen manchmal sehr gescheut.

(Aufzeichnungen, B 6/I, S. 637)

Der Diamant könnte sich etwas drauf einbilden, wenn ihn ein Dichter mit einem Menschenherzen vergliche –

(Aufzeichnungen, B 6/I, S. 645)

Es ist erstaunlich, wie in so kleinem Köpfchen eine solche Masse von Unwissenheit stecken kann –

(Aufzeichnungen, B 6/I, S. 652)

Er hat es in der Ignoranz am weitesten gebracht.

(Aufzeichnungen, B 6/I, S. 654)

Deutsche Ehe keine wahre Ehe. Der Ehemann hat keine Ehefrau, sondern eine Magd, und lebt sein isoliertes Hagestolzleben im Geiste fort, selbst im Kreis der Familie. Ich will darum nicht sagen, daß er der Herr sei, im Gegenteil, er ist zuweilen nur der Bediente seiner Magd, und den Servilismus verleugnet er auch im Hause nicht.

(Aufzeichnungen, B 6/I, S. 658)

Deutsche und französische Frauen: Die deutschen Öfen wärmen besser als die französischen Kamine, aber daß man hier das Feuer lodern sieht, ist angenehmer; freudiger Anblick, aber Frost im Rücken –
Deutsche Öfin, wie wärmst du treu und scheinlos!

(Aufzeichnungen, B 6/I, S. 659)

Liebe

Liebe! Unsterblichkeit! – In meiner Brust ward es plötzlich so heiß, daß ich glaubte, die Geographen hätten den Äquator verlegt, und er laufe jetzt gerade durch mein Herz. Und aus meinem Herzen ergossen sich die Gefühle der Liebe, ergossen sich sehnsüchtig in die weite Nacht. Die Blumen im Garten unter meinem Fenster dufteten stärker. Düfte sind die Gefühle der Blumen, und wie das Menschenherz in der Nacht, wo es sich einsam und unbelauscht glaubt, stärker fühlt, so scheinen auch die Blumen, sinnig verschämt, erst die umhüllende Dunkelheit zu erwarten, um sich gänzlich ihren Gefühlen hinzugeben, und sie auszuhauchen in süßen Düften. (Die Harzreise, B 2, S. 126)

Ein Jüngling liebt ein Mädchen,
Das hat einen andern erwählt;
Der andre liebt eine andre,
Und hat sich mit dieser vermählt.

Das Mädchen heiratet aus Ärger
Den ersten besten Mann,
Der ihr über den Weg gelaufen;
Der Jüngling ist übel dran.

Es ist eine alte Geschichte,
Doch bleibt sie immer neu;
Und wem sie just passieret,
Dem bricht das Herz entzwei.

(Buch der Lieder, B 1, S. 91)

Sie war liebenswürdig, und Er liebte Sie; Er aber war nicht liebenswürdig, und Sie liebte ihn nicht. (Altes Stück)

(Ideen. Das Buch Le Grand, B 2, S. 248, 250 u. 308)

So lange mein Herz voll Liebe und der Kopf meiner Nebenmenschen voll Narrheit ist, wird es mir nie an Stoff zum Schreiben fehlen. Und mein Herz wird immer lieben, so lange es Frauen gibt, erkaltet es für die eine, so erglüht es gleich für die andere [...].

(Ideen. Das Buch Le Grand, B 2, S. 291)

Was Prügel sind, das weiß man schon; was aber die Liebe ist, das hat noch keiner herausgebracht. Einige Naturphilosophen haben behauptet, es sei eine Art Elektrizität. Das ist möglich; denn im Momente des Verliebens ist uns zu Mute, als habe ein elektrischer Strahl aus dem Auge der Geliebten plötzlich in unser Herz eingeschlagen. Ach! diese Blitze sind die verderblichsten, und wer gegen diese einen Ableiter erfindet, den will ich höher achten als Franklin.

(Die Bäder von Lucca, B 2, S. 420)

Der Asra

Täglich ging die wunderschöne
Sultanstochter auf und nieder
Um die Abendzeit am Springbrunn,
Wo die weißen Wasser plätschern.

Täglich stand der junge Sklave
Um die Abendzeit am Springbrunn,
Wo die weißen Wasser plätschern;
Täglich ward er bleich und bleicher.

Eines Abends trat die Fürstin
Auf ihn zu mit raschen Worten:
Deinen Namen will ich wissen,
Deine Heimat, deine Sippschaft!

Und der Sklave sprach: Ich heiße
Mohamet, ich bin aus Yemmen,
Und mein Stamm sind jene Asra,
Welche sterben, wenn sie lieben.

(Romanzero 1. Buch, B 6/I, S. 41)

In der Liebe gibt es ebenfalls wie in der römischen Religion ein provisorisches Fegfeuer in welchem man sich erst am Gebratenwerden gewöhnen soll ehe man in die wirkliche ewige Hölle gerät. (Memoiren, B 6/I, S. 603)

Demokratische Wut gegen das Besingen der Liebe – warum die Rose besingen, Aristokrat! besing die demokratische Kartoffel, die das Volk nährt! – (Aufzeichnungen, B 6/I, S. 649)

Ihr Amor ist noch ein Gelbschnabel. Sie sind noch zu jung, um die Liebe in ihrer ganzen Schrecklichkeit zu kennen. Das kann man erst in späteren Jahren. In der Jugend ist die Liebe stürmischer, aber nicht so stark, so allmächtig wie später. Auch ist sie in der Jugend nicht so dauernd. Denn der Leib liebt mit, in der Jugend, und lechzt nach leiblichen Offenbarungen in der Liebe und leiht der Seele allen Ungestüm seines Blutes, die Überfülle seiner Sehnenkraft ... Später, wo diese aufhört, wo das Blut langsamer in den Adern sintert, wo der Leib nicht mehr verliebt ist, liebt die Seele ganz allein, die unsterbliche Seele, und da ihr die Ewigkeit zu Gebote steht, da sie nicht so gebrechlich ist wie der Leib, nimmt sie sich Zeit und liebt weit dauernder und stürzt sich furchtlos in die Abgründe der Leidenschaft. (Aufzeichnungen, B 6/I, S. 662 f.)

Es geht am End, es ist kein Zweifel,
Der Liebe Glut, sie geht zum Teufel.
Sind wir einmal von ihr befreit,
Beginnt für uns die beßre Zeit,
Das Glück der kühlen Häuslichkeit.
Der Mensch genießet dann die Welt,
Die immer lacht fürs liebe Geld.
Er speist vergnügt sein Leibgericht,
Und in den Nächten wälzt er nicht
Schlaflos sein Haupt, er ruhet warm
In seiner treuen Gattin Arm.

(Nachgelesene Gedichte 1845-1856,
B 6/I, S. 337)

Bei der Erklärung der Liebe muß entweder ein physikalisches Phänomen oder ein historisches Faktum angenommen werden. Ist es Sympathie, wie der dumme Magnet das rohe Eisen anzieht? Oder ist eine Vorgeschichte vorhanden, deren dunkles Bewußtsein uns blieb und in unerklärliche Anziehung und Abstoßung sich ausspricht? –

(Aufzeichnungen, B 6/I, S. 664 f.)

Die Liebesgluten, die so lodernd flammten,
Wo gehn sie hin, wenn unser Herz verglommen?
Sie gehen dahin, woher sie einst gekommen,
Zur Hölle, wo sie braten, die Verdammten.

(Nachgelesene Gedichte 1845-1856, B 6/I, S. 338)

[...] ja, trotz dem Richtschwert, womit schon hundert arme Schelme geköpft worden, und trotz der Infamia womit jede Berührung des unehrlichen Geschlechtes jeden behaftet, küßte ich die schöne Scharfrichterstochter, ich küßte sie nicht bloß aus zärtlicher Neigung sondern auch aus Hohn gegen die alte Gesellschaft und alle ihre dunklen Vorurteile, und in diesem Augenblick loderten in mir auf die ersten Flammen jener zwei Passionen, welchen mein späteres Leben gewidmet blieb, die Liebe für schöne Frauen und die Liebe für die französische Revolution [...].

(Memoiren, B 6/I, S. 603)

Heimat und Fremde

Es giebt nur drey gebildete, zivilisirte Völker: die Franzosen, die Chinesen und die Perser. Ich bin stolz darauf ein Perser zu seyn. Daß ich deutsche Verse mache hat seine eigene Bewandtniß. [...] Ach! wie sehne ich mich nach Isphahan! Ach, ich Armer, bin fern von seinen lieblichen Minarets und duftigen Gärten! Ach, es ist ein schreckliches Schicksal für einen persischen Dichter daß er sich abmühen muß in eurer niederträchtig holprigen deutschen Sprache und daß er zu Tode gemartert wird von Euren eben so holprigen Postwägen, von Eurem schlechten Wetter, Euren dummen Tabaksgesichtern, Euren römischen Pandekten, Eurem philosophischen Kauderwelsch und Eurem übrigen Lumpenwesen. O Firdusi! O Dschami! O Saadi! wie elend ist Eur Bruder! Ach! wie sehne ich mich nach den Rosen von Schiras! Deutschland mag sein Gutes haben, ich will es nicht schmähen.

(An Moses Moser, 21. 1. 1824, HSA 20, S. 136 f.)

Essen konnte ich nicht und trinken noch viel weniger. Die heißen Tropfen fielen ins Glas, und im Glas sah ich die liebe Heimat, den blauen, heiligen Ganges, den ewigstrahlenden Himalaya, die riesigen Banianenwälder, in deren weiten Laubgängen die klugen Elefanten und die weißen Pilger ruhig wandelten, seltsam träumerische Blumen sahen mich an, heimlich mahnend, goldne Wundervögel jubelten wild, flimmernde Sonnenstrahlen und süßnärrische Laute von lachenden Affen neckten mich lieblich, aus fernen Pagoden ertönten die frommen Priestergebete, und dazwischen klang die schmelzend klagende Stimme der Sultanin von Delhi – (Ideen. Das Buch Le Grand, B 2, S. 251)

Nein, ich bin nicht geboren in Indien; das Licht der Welt erblickte ich an den Ufern jenes schönen Stromes, wo auf grünen Bergen die Torheit wächst und im Herbste gepflückt, gekeltert, in Fässer gegossen und ins Ausland geschickt wird – [...] Viel Torheit wird auch im Lande selbst konsumiert, und die Menschen sind wie überall: – sie werden geboren, essen, trinken, schlafen, lachen, weinen, verleumden, sind ängstlich besorgt um die Fortpflanzung ihrer Gattung, suchen zu scheinen, was sie nicht sind, und zu tun, was sie nicht können, lassen sich nicht eher rasieren, als bis sie einen Bart haben, und haben oft einen Bart, ehe sie verständig sind, und wenn sie beständig sind, berauschen sie sich wieder mit weißer und roter Torheit.

(Ideen. Das Buch Le Grand, B 2, S. 257)

Gar wunderlich sind doch die Menschen! Im Vaterlande brummen wir, jede Dummheit, jede Verkehrtheit dort verdrießt uns, wie Knaben möchten wir täglich davon laufen in die weite Welt; sind wir endlich wirklich in die weite Welt gekommen, so ist uns diese wieder zu weit, und heimlich sehnen wir uns oft wieder nach den engen Dummheiten und Verkehrtheiten der Heimat, und wir möchten wieder dort in der alten, wohlbekannten Stube sitzen, und uns, wenn es anginge, ein Haus hinter dem Ofen bauen, und warm drin hocken, und den allgemeinen Anzeiger der Deutschen lesen. (Englische Fragmente, B 2, S. 536)

[...] hatte ich einst mit dem glücklichen, bürgermeisterlich gehäbigen, schneckenhaft trägen Vaterlande manchmal einen kleinen Haushader zu bestehen, wie er in großen Familien wohl vorfallen kann: so war doch all dergleichen Erinnerung in meiner Seele erloschen, als ich das Vaterland im Elend erblickte, in der Fremde, im Elend; selbst seine Gebrechen wurden mir plötzlich teuer und wert, selbst mit seinen Krähwinkeleien war ich ausgesöhnt, und ich drückte ihm die Hand, ich drückte die Hand jener deutschen Auswanderer, als gäbe ich dem Vaterland selber den Handschlag eines erneuten Bündnisses der Liebe, und wir sprachen Deutsch. (Vorrede zu Salon I, B 3, S. 12)

Es ist eine eigene Sache mit dem Patriotismus, mit der wirklichen Vaterlandsliebe. Man kann sein Vaterland lieben, und achtzig Jahr dabei alt werden, und es nie gewußt haben; aber man muß dann auch zu Hause geblieben sein.

(Vorrede zu Salon I, B 3, S. 15)

Glücklich sind die, welche in den Kerkern der Heimat ruhig hinmodern ... denn diese Kerker sind eine Heimat mit eisernen Stangen, und deutsche Luft weht hindurch und der Schlüsselmeister, wenn er nicht ganz stumm ist, spricht er die deutsche Sprache! [...] Ihr habt vielleicht einen Begriff vom leiblichen Exil, jedoch vom geistigen Exil kann nur ein deutscher Dichter sich eine Vorstellung machen, der sich gezwungen sähe, den ganzen Tag französisch zu sprechen, zu schreiben, und sogar des Nachts, am Herzen der Geliebten französisch zu seufzen! Auch meine Gedanken sind exiliert, exiliert in eine fremde Sprache.

(Ludwig Börne, B 4, S. 124)

Lebensfahrt

Ein Lachen und Singen! Es blitzen und gaukeln
Die Sonnenlichter. Die Wellen schaukeln
Den lustigen Kahn. Ich saß darin
Mit lieben Freunden und leichtem Sinn

Der Kahn zerbrach in eitel Trümmer,
Die Freunde waren schlechte Schwimmer,
Sie gingen unter, im Vaterland;
Mich warf der Sturm an den Seinestrand.

Ich hab ein neues Schiff bestiegen,
Mit neuen Genossen; es wogen und wiegen
Die fremden Fluten mich hin und her –
Wie fern der Heimat! mein Herz wie schwer!

Und das ist wieder ein Singen und Lachen –
Es pfeift der Wind, die Planken krachen –
Am Himmel erlischt der letzte Stern –
Wie schwer mein Herz! die Heimat wie fern!

(Neue Gedichte, B 4, S. 420)

Am Ende kommt es auf eins heraus, wie wir die große Reise gemacht haben, ob zu Fuß, oder zu Pferd, oder zu Schiff ... Wir gelangen am Ende alle in dieselbe Herberge in dieselbe schlechte Schenke, wo man die Türe mit einer Schaufel aufmacht, wo die Stube eng, so kalt, so dunkel, wo man aber gut schläft, fast gar zu gut ... (Ludwig Börne, B 4, S. 127)

Meiner edlen und hochherzigen Mutter, die soviel für mich getan, sowie auch meinen teuern Geschwistern, mit denen ich im ungetrübtesten Einverständnisse gelebt, sage ich ein letztes Lebewohl! Leb wohl, auch Du, deutsche Heimat, Land der Rätsel und der Schmerzen; werde hell und glücklich. Lebt wohl, Ihr geistreichen, guten Franzosen, die ich so sehr geliebt habe! Ich danke Euch für Eure heitere Gastfreundschaft. (Testament vom 27. 9. 1846, B 6/I, S. 536)

Deutsche – werden nicht besser im Ausland, wie das exportierte Bier – (Aufzeichnungen, B 6/I, S. 622)

Geld, Armut und Reichtum

Mit einem Gefühle, worin gar komisch Ehrfurcht und Rührung gemischt waren, betrachtete ich die neugebornen, blanken Taler, nahm einen, der eben vom Prägstocke kam, in die Hand, und sprach zu ihm: junger Taler! Welche Schicksale erwarten dich! wie viel gutes und wie viel Böses wirst du stiften! wie wirst du das Laster beschützen und die Tugend flicken, wie wirst du geliebt und dann wieder verwünscht werden! wie wirst du schwelgen, kuppeln, lügen und morden helfen! wie wirst du rastlos umherirren, durch reine und schmutzige Hände, jahrhundertelang, bis du endlich, schuldbeladen und sündenmüd, versammelt wirst zu den Deinen im Schoße Abrahams, der dich einschmelzt und läutert und umbildet zu einem neuen besseren Sein.

(Die Harzreise, B 2, S. 115)

Deshalb ist das Gepräge der Münzen kein gleichgültiger Gegenstand für den Politiker. Da die Leute das Geld so innig lieben und gewiß liebevoll betrachten, so bekommen die Kinder sehr oft die Züge des Landesfürsten, der darauf geprägt ist, und der arme Fürst kommt in den Verdacht, der Vater seiner Untertanen zu sein.

(Die Nordsee III, B 2, S. 217)

Ich sage ihm oft: Was ist Geld? Geld ist rund und rollt weg, aber Bildung bleibt. Ja, Herr Doktor, wenn ich, was Gott verhüte, mein Geld verliere, so bin ich doch noch immer ein großer Kunstkenner, ein Kenner von Malerei, Musik und Poesie.

(Die Bäder von Lucca, B 2, S. 404)

Heut zu Tage ist die Menschheit verständiger; wir glauben nicht mehr an die Wunderkraft des Blutes, weder an das Blut eines Edelmanns noch eines Gottes, und die große Menge glaubt nur an Geld. Besteht nun die heutige Religion in der Geldwerdung Gottes oder in der Gottwerdung des Geldes? Genug, die Leute glauben nur an Geld; nur dem gemünzten Metall, den silbernen und goldenen Hostien, schreiben sie eine Wunderkraft zu; das Geld ist der Anfang und das Ende aller ihrer Werke; und wenn sie ein Gebäude zu errichten haben, so tragen sie große Sorge, daß unter den Grundstein einige Geldstücke, eine Kapsel mit allerlei Münzen, gelegt werde.

(Die romantische Schule, B 3, S. 472)

Auch die südfranzösischen Eisenbahnen, sowie die jüngst konzessionierten, machen gute Geschäfte, und wer gestern noch ein armes Lümpchen war, ist heute schon ein reicher Lump. (Lutetia II, B 5, S. 425)

Wie wenig verstehen zumal die Neo-Millionäre die Kunst des Gebens! Jedes Mal wenn sie uns ein Stück Geld zuwerfen, werfen sie uns zugleich ein Loch in den Kopf; denn sie wissen die feineren Köpfe, die leicht wundbar, nicht zu unterscheiden von dem dicken Hirnschädel des Pöbels, der alles verträgt. Ja die Kunst des schönen Gebens wird in unserer Zeit immer seltener, in demselben Maße wie die Kunst des plumpen Nehmens, des rohen Zugreifens täglich allgemeiner gedeihet, daher nochmals meine Danksagung, Herr Baron, für Gabe und Form des Gebens, so wie überhaupt für den Antheil an meinem traurigen Leibeszustand der sich in Ihrem Briefe so liebreich und gefühlvoll ausspricht.

(An Anselm v. Rothschild, 30. 12. 1855, HSA 23, S. 475)

Bei keinem Volke ist der Glaube an Unsterblichkeit stärker gewesen wie bei den Kelten; man konnte Geld bei ihnen geliehen bekommen, um es in der anderen Welt wiederzugeben. Fromme christliche Wucherer sollten sich darin spiegeln! (Aufzeichnungen, B 6/I, S. 612)

Steuern, erhöht wegen der Entfestigung und Promenaden, die sehr schön sind, wie sich denn Hamburg überhaupt gern ein schönes Äußere geben will und Promenaden anlegt, damit der, welcher im Innern der Stadt nichts mehr zu essen hat, während den Mittagsstunden eine Promenade um die Stadt machen kann – auch Bänke zum Lesen, z. B. ein Kochbuch, elegische Trauerweiden –

(Aufzeichnungen, B 6/I, S. 617)

Diese Bankiers, so reich sie sind, setzen sie doch das Geschäft des Gelderwerbens fort = der Junge, der seine Schweine zu Pferd hüten will.

(Aufzeichnungen, B 6/I, S. 619)

Lockender als je klangen diesen Winter die Zaubertöne. Anstrengung bei allen Freuden – Paris, die Galeere des Vergnügens – besonders für Ehepaare, welche die Kette am Bein – doch immer besser als das deutsche Zellensystem des einsamen Nachdenkens – Man kann sich nicht sammeln, klagen unsre Landsleute – die Zerstreuung sei zu groß – Ach! das ist nicht so schlimm, schlimmer, daß sich auch das Geld so schnell zerstreut – Wenn dieser Talisman unseren Händen entrissen, schwindet der Zauber, und man sieht: ... (Aufzeichnungen, B 6/I, S. 652)

Wie kommt es, daß der Reichtum seinen Besitzern eher Unglück bringt als Glück, wo nicht gar das furchtbarste Verderben? Die uralten Mythen vom Goldnen Vlies und vom Niblungshort sind sehr bedeutungsvoll. Das Gold ist ein Talisman, worin Dämonen hausen, die alle unsre Wünsche erfüllen, aber uns dennoch gram sind ob des knechtischen Gehorsams, womit sie uns dienen müssen, und diesen Zwang tränken sie uns ein durch geheime Tücke, indem sie eben die Erfüllung unserer Wünsche zu unserem Unheil verkehren und uns daraus alle möglichen Nöte bereiten.

(Aufzeichnungen, B 6/I, S. 660)

Die Hauptarmee der Feinde Rothschilds besteht aus allen, die nichts haben: sie denken alle, was wir nicht haben, hat Rothschild. Hinzufließt die Masse derer, die ihr Vermögen verlieren; statt ihrer Dummheit diesen Verlust zuzuschreiben, glauben sie, die Pfiffigkeit derer, die ihr Vermögen behalten, sei daran schuld. Sowie einer kein Geld mehr hat, wird er Rothschilds Feind. (Aufzeichnungen, B 6/I, S. 661)

Essen und Trinken

Übrigens, Madame, haben Sie gar keine Idee davon, mit welcher Leichtigkeit ich zitieren kann. Überall finde ich Gelegenheit, meine tiefe Gelahrtheit anzubringen. Spreche ich z. B. vom Essen, so bemerke ich in einer Note, daß die Römer, Griechen und Hebräer ebenfalls gegessen haben, ich zitiere all die köstlichen Gerichte, die von der Köchin des Lucullus bereitet worden – weh mir! Daß ich anderthalb Jahrtausend zu spät geboren bin!

(Ideen. Das Buch Le Grand, B 2, S. 285)

Jedes Land hat seine besondere Küche und seine besondere Weiblichkeiten, und hier ist alles Geschmacksache. Der eine liebt gebratene Hühner, der andere gebratene Enten; was mich betrifft, ich liebe gebratene Hühner und gebratene Enten und noch außerdem gebratene Gänse. Von hohem idealischen Standpunkte betrachtet, haben die Weiber überall eine gewisse Ähnlichkeit mit der Küche des Landes.

(Aus den Memoiren des Herren von Schnabelewopski, B 1, S. 532)

»Des«, rief er ziemlich laut, »gibt es nur in Berlin. Da nur ist Witz und Ironie. Hier [in München] gibt es gutes Weißbier, aber wahrhaftig keine Ironie.«
»Ironie haben wir nicht« – rief Nannerl, die schlanke Kellnerin, die in diesem Augenblick vorbeisprang – »aber jedes andre Bier können Sie doch haben.«
Daß Nannerl die Ironie für eine Sorte Bier gehalten, vielleicht für das beste Stettiner, war mir sehr leid, und damit sie sich in der Folge wenigstens keine solche Blöße mehr

gebe, begann ich folgendermaßen zu dozieren: »Schönes Nannerl, die Ironie is ka Bier, sondern eine Erfindung der Berliner, der klügsten Leute von der Welt, die sich sehr ärgerten, daß sie zu spät auf die Welt gekommen sind, um das Pulver erfinden zu können, und die deshalb eine Erfindung zu machen suchten, die eben so wichtig und eben denjenigen, die das Pulver nicht erfunden haben, sehr nützlich ist. [...]« (Reise von München nach Genua, B 2, S. 320)

Sind die britischen Schönen nicht ebenso gesund, nahrhaft, solide, konsistent, kunstlos und doch so vortrefflich wie Altenglands einfach gute Kost: Rostbeaf, Hammelbraten, Pudding in flammendem Kognak, Gemüse in Wasser gekocht, nebst zwei Saucen, wovon die eine aus gelassener Butter besteht? Da lächelt kein Frikassee, da täuscht kein flatterndes Vol-au-vent, da seufzt kein geistreiches Ragout, da tändeln nicht jene tausendartig gestopften, gesottenen, aufgehüpften, gerösteten, durchzückerten, pikanten, deklamatorischen und sentimentalen Gerichte, die wir bei einem französischen Restaurant finden, und die mit den schönen Französinnen selbst die größte Ähnlichkeit bieten! (Aus den Memoiren des Herren von Schnabelewopski, B 1, S. 532 f.)

Laßt uns die Franzosen preisen! sie sorgten für die zwei größten Bedürfnisse der menschlichen Gesellschaft, für gutes Essen und bürgerliche Gleichheit; in der Kochkunst und in der Freiheit haben sie die größten Fortschritte gemacht, und wenn wir einst alle, als gleiche Gäste, das große Versöhnungsmahl halten, und guter Dinge sind, – denn was gäbe es Besseres als eine Gesellschaft von Pairs an einem gutbesetzten Tische? – dann wollen wir den Franzosen den ersten Toast darbringen.

(Reise von München nach Genua, B 2, S. 377)

Italiens gelbfette, leidenschaftgewürzte, humoristisch garnierte, aber doch schmachtend idealische Küche trägt ganz den Charakter der italienischen Schönen. O, wie sehne ich mich manchmal nach den lombardischen Stuffados, nach den Tagliarinis und Broccolis des holdseligen Toskana! Alles schwimmt in Öl, träge und zärtlich, und trillert Rossinis süße Melodieen, und weint vor Zwiebelduft und Sehnsucht! Den Makkaroni mußt du aber mit den Fingern essen, und dann heißt er: Beatrice!

(Aus den Memoiren des Herren von Schnabelewopski, B 1, S. 533)

Zur Beruhigung

Wir schlafen ganz, wie Brutus schlief –
Doch jener erwachte und bohrte tief
In Cäsars Brust das kalte Messer!
Die Römer waren Tyrannenfresser.

Wir sind keine Römer, wir rauchen Tabak.
Ein jedes Volk hat seinen Geschmack,
Ein jedes Volk hat seine Größe!
In Schwaben kocht man die besten Klöße.

Wir sind Germanen, gemütlich und brav,
Wir schlafen gesunden Pflanzenschlaf,
Und wenn wir erwachen, pflegt uns zu dürsten,
Doch nicht nach dem Blute unserer Fürsten.

Wir sind so treu wie Eichenholz,
Auch Lindenholz, drauf sind wir stolz;
Im Land der Eichen und der Linden
Wird niemals sich ein Brutus finden.

Und wenn auch ein Brutus unter uns wär,
Den Cäsar fänd er nimmermehr,
Vergeblich würd er den Cäsar suchen;
Wir haben gute Pfefferkuchen.

Wir haben sechsunddreißig Herrn
(Ist nicht zu viel!), und einen Stern
Trägt jeder schützend auf seinem Herzen,
Und er braucht nicht zu fürchten die Iden
des Märzen.

Wir nennen sie Väter, und Vaterland
Benennen wir dasjenige Land,
Das erbeigentümlich gehört den Fürsten;
Wir lieben auch Sauerkraut mit Würsten.

Wenn unser Vater spazieren geht,
Ziehn wir den Hut mit Pietät;
Deutschland, die fromme Kinderstube,
Ist keine römische Mördergrube.

(Neue Gedichte, B 4, S. 428 f.)

Von der deutschen Küche kein Wort. Sie hat alle möglichen Tugenden und nur einen einzigen Fehler; ich sage aber nicht welchen. Da gibts gefühlvolles, jedoch unentschlossenes Backwerk, verliebte Eierspeisen, tüchtige Dampfnudeln, Gemütssuppe mit Gerste, Pfannkuchen mit Äpfel und Speck, tugendhafte Hausklöße, Sauerkohl – wohl dem, der es verdauen kann.

(Aus den Memoiren des Herren von Schnabelewopski, B 1, S. 533)

[...]
Zu Cöllen kam ich spät Abends an,
Da hörte ich rauschen den Rheinfluß,
Da fächelte mich schon deutsche Luft,
Da fühlt ich ihren Einfluß –

Auf meinen Appetit, ich aß
Dort Eierkuchen mit Schinken,
Und da er sehr gesalzen war,
Mußt ich auch Rheinwein trinken.

Der Rheinwein glänzt noch immer wie Gold
Im grünen Römerglase,
Und trinkst du etwelche Schoppen zu viel,
So steigt er dir in die Nase.

In die Nase steigt ein Prickeln so süß,
Man kann sich vor Wonne nicht lassen!
Es trieb mich hinaus in die dämmernde Nacht,
In die widerhallenden Gassen.
[...]

(Deutschland. Ein Wintermärchen, B 4, S. 583 f.)

Was die holländische Küche betrifft, so unterscheidet sie sich von letzterer [der deutschen], erstens durch die Reinlichkeit, zweitens durch die eigentliche Leckerkeit. Besonders ist die Zubereitung der Fische unbeschreibbar liebenswürdig. Rührend inniger, und doch zugleich tiefsinnlicher Sellerieduft. Selbstbewußte Naivität und Knoblauch. Tadelhaft jedoch ist es, daß sie Unterhosen von Flanell tragen; nicht die Fische, sondern die schönen Töchter des meerumspülten Hollands.

(Aus den Memoiren des Herren von Schnabelewopski, B 1, S. 533 f.)

»Aber schau nicht so sauer« – fuhr der Spanier fort in seiner Rede, als er sah wie wenig dieselbe den Rabbi zu erbauen schien – »schau mich nicht an mit Abscheu. Meine Nase ist nicht abtrünnig geworden. Als mich einst der Zufall um Mittagzeit in diese Straße führte, und aus den Küchen der Juden mir die wohlbekannten Düfte in die Nase stiegen: da erfaßte mich jene Sehnsucht, die unsere Väter empfanden, als sie zurückdachten an die Fleischtöpfe Ägyptens; wohlschmeckende Jugenderinnerungen stiegen in mir auf; ich sah wieder im Geiste die Karpfen mit brauner Rosinensauce, die meine Tante für den Freitagabend so erbaulich zu bereiten wußte; ich sah wieder das gedämpfte Hammelfleisch mit Knoblauch und Mairettig, womit man die Toten erwecken kann, und die Suppe mit schwärmerisch schwimmenden Klößchen ... und meine Seele schmolz, wie die Töne einer verliebten Nachtigall, und seitdem esse ich in der Garküche meiner Freundin Donna Schnapper-Elle.«

(Der Rabbi von Bacherach, B 1, S. 498 f.)

Das waren zwei liebe Geschwister,
Die Schwester war arm, der Bruder war reich.
Zum Reichen sprach die Arme:
Gib mir ein Stückchen Brot.

Zur Armen sprach der Reiche:
»Laß mich nur heut in Ruh.
Heut geb ich mein jährliches Gastmahl
Den Herren vom großen Rat.

Der eine liebt Schildkrötensuppe,
Der andre Ananas,
Der dritte ißt gern Fasanen
Mit Trüffeln von Périgord.

Der vierte speist nur Seefisch,
Der fünfte verzehrt auch Lachs,
Der sechste, der frißt alles,
Und trinkt noch mehr dazu.«

Die arme, arme Schwester
Ging hungrig wieder nach Haus;
Sie warf sich auf den Strohsack
Und seufzte tief und starb. [...]

(»Der Philanthrop«, Gedichte 1853 und 1854, B 6/I, S. 215 f.)

Luther erschütterte Deutschland – aber Franz Drake beruhigte es wieder: er gab uns die Kartoffel.

(Aufzeichnungen, B 6/I, S. 621)

Geleert hab ich nach Herzenswunsch
Der Liebe Kelch, ganz ausgeleert;
Das ist ein Trank, der uns verzehrt
Wie flammenheißer Kognakpunsch.

Da lob ich mir die laue Wärme
Der Freundschaft; jedes Seelenweh
Stillt sie, erquickend die Gedärme
Wie eine fromme Tasse Tee.

(Nachgelesene Gedichte 1845-1856,
B 6/I, S. 338)

Lachen und Weinen

Wenn zwei voneinander scheiden,
So geben sie sich die Händ,
Und fangen an zu weinen,
Und seufzen ohne End.

Wir haben nicht geweinet,
Wir seufzten nicht Weh und Ach!
Die Tränen und die Seufzer,
Die kamen hintennach.

(Buch der Lieder, B 1, S. 95)

Freilich, ich würde nicht mit dem Ernste dieser Heroen die alte Axt schwingen – denn der Anblick der Gegner bringt mich leicht zum Lachen, und ich bin ein bißchen Eulenspiegeliger Natur und liebe eine Beimischung von Spaß – aber ich würde jenen Mistochsen nicht minder stark vor den Kopf schlagen, wenn ich auch vorher mit lachenden Blumen meine Axt umkränzte.

(Die Bäder von Lucca, B 2, S. 464)

O Natur! du stumme Jungfrau! wohl verstehe ich dein Wetterleuchten, den vergeblichen Redeversuch, der über dein schönes Antlitz dahinzuckt, und du dauerst mich so tief, daß ich weine. Aber alsdann verstehst du auch mich, und du heiterst dich auf, und lachst mich an aus goldenen Augen. Schöne Jungfrau, ich verstehe deine Sterne und du verstehst meine Tränen! (Die Stadt Lucca, B 2, S. 478)

Eben war die Sonne untergegangen, ihre letzten Strahlen schienen wehmütig Abschied zu nehmen, die Nebel der Dämmerung umhüllten wie weiße Laken das kranke Paris, und ich weinte bitterlich über die unglückliche Stadt, die Stadt der Freiheit, der Begeisterung und des Martyrtums, die Heilandstadt, die für die weltliche Erlösung der Menschheit schon so viel gelitten!

(Französische Zustände, B 3, S. 180)

Aber keine Nachtigall wird je so heiter und jubelnd singen, wie Jan Steen gemalt hat. Keiner hat so tief wie er begriffen, daß auf dieser Erde ewig Kirmes sein sollte; er begriff, daß unser Leben nur ein farbiger Kuß Gottes sei, und er wußte, daß der Heilige Geist sich am herrlichsten offenbart im Licht und Lachen.
Sein Auge lachte ins Licht hinein und das Licht spiegelte sich in seinem lachenden Auge.

(Aus den Erinnerungen des Herren von Schnabelewopski, B 1, S. 541)

Küsse, die man stiehlt im Dunkeln
Und im Dunkeln wiedergibt,
Solche Küsse wie beselgen
Sie die Seele, wenn sie liebt!

Ahnend und erinnrungssüchtig,
Denkt die Seele sich dabei
Manches von vergangnen Tagen,
Und von Zukunft mancherlei.

Doch das gar zu viele Denken
Ist bedenklich, wenn man küßt; –
Weine lieber, liebe Seele,
Weil das Weinen leichter ist.

(Neue Gedichte, B 4, S. 311)

Ihr Lächeln ist wie ein strahlendes Netz. Sie warf es aus, und meine Seele verfing sich darin und zappelt in den holden Maschen wie ein Fisch seit Jahren –

(Aufzeichnungen, B 6/I, S. 626)

Rührung. Der dramatische Dichter, der es versteht, Tränen zu entlocken – Dieses Talent hat auch die kümmerlichste Zwiebel, mit dieser teilt er seinen Ruhm.

(Aufzeichnungen, B 6/I, S. 646)

Technik und Fortschritt

Ja, ich wiederhole das Wort Apostel, denn ich weiß kein bezeichnenderes Wort. Ein neuer Glaube beseelt sie mit einer Leidenschaft, von welcher die Schriftsteller der früheren Periode keine Ahnung hatten. Es ist dieses der Glaube an den Fortschritt, ein Glaube, der aus dem Wissen entsprang. Wir haben die Lande gemessen, die Naturkräfte gewogen, die Mittel der Industrie berechnet, und siehe, wir haben ausgefunden: daß diese Erde groß genug ist; daß sie jedem hinlänglich Raum bietet, die Hütte seines Glückes darauf zu bauen; daß diese Erde uns alle anständig ernähren kann, wenn wir alle arbeiten und nicht einer auf Kosten des anderen leben will; und daß wir nicht nötig haben die größere und ärmere Klasse an den Himmel zu verweisen. –

(Die romantische Schule, B 3, S. 468)

So muß unsern Vätern zumut gewesen sein, als Amerika entdeckt wurde, als die Erfindung des Pulvers sich durch ihre ersten Schüsse ankündigte, als die Buchdruckerei die ersten Aushängebogen des göttlichen Wortes in die Welt schickte. Die Eisenbahnen sind wieder ein solches providencielles Ereignis, das der Menschheit einen neuen Umschwung gibt, das die Farbe und Gestalt des Lebens verändert; es beginnt ein neuer Abschnitt in der Weltgeschichte, und unsre Generation darf sich rühmen, daß sie dabei gewesen. (Lutetia II, B 5, S. 449)

Die höchste Blüte des deutschen Geistes: Philosophie und Lied – Die Zeit ist vorbei, es gehörte dazu die idyllische Ruhe, Deutschland ist fortgerissen in die Bewegung – der Gedanke ist nicht mehr uneigennützig, in seine abstrakte Welt stürzt die rohe Tatsache – Der Dampfwagen der Eisenbahn gibt uns eine zittrige Gemütserschütterung, wobei kein Lied aufgehen kann, der Kohlendampf verscheucht die Sangesvögel, und der Gasbeleuchtungsgestank verdirbt die duftige Mondnacht. (Aufzeichnungen, B 6/I, S. 645)

Sogar die Elementarbegriffe von Zeit und Raum sind schwankend geworden. Durch die Eisenbahnen wird der Raum getötet, und es bleibt uns nur noch die Zeit übrig. Hätten wir nur Geld genug, um auch letztere anständig zu töten! (Lutetia II, B 5, S. 449)

In Deutschland wird das Christentum gleichzeitig in der Theorie gestürzt und in den Tatsachen: Ausbildung der Industrie und des Wohlstandes –

(Aufzeichnungen, B 6/I, S. 645)

Die Juden – das Volk-Gespenst, das bei seinem Schatze unabweisbar wachte; dieser Schatz war die Bibel. (Vergebens der Exorzismus – Deutsche hoben ihn –) Ist ihre Mission geendigt? – ich glaube, wenn der weltliche Heiland kommt: Industrie, Arbeit, Freude – Der weltliche Heiland kommt auf einer Eisenbahn – Michel bahnt ihm den Weg – Rosen werden gestreut auf . . . (Aufzeichnungen, B 6/I, S. 648)

Das alte Märchen der drei Brüder realisiert sich. Der eine läuft hundert Meilen in einigen Stunden, der andre sieht hundert Meilen weit, der dritte schießt so weit, der vierte bläst Armeen fort – Eisenbahn, Fernrohr, Pulver (oder Presse) – er hält das eine Nasloch zu – wird

(Aufzeichnungen, B 6/I, S. 652)

Alter Karrengaul und Esel, den Dampfwagen vorbeirollen sehend.
Pferd: Das wird uns eine ganz neue Zukunft bereiten, wir werden nicht mehr soviel Lasten ziehen und laufen müssen: Wohl dem Enkel, das Paradies ist vor uns – oder ist die Hoffnung nicht mit Gefahr geknüpft: werden wir nicht überflüssig sein? wird man uns nicht töten und speisen?
Der Esel: Wir haben von allen solchen Umwälzungen nichts zu hoffen noch zu fürchten: wir werden immer nach wie vor zur Mühle traben, die Welt wird immer Esel brauchen und sie zu schätzen wissen –

(Aufzeichnungen, B 6/I, S. 652)

Demokratischer Haß gegen die Poesie – der Parnaß soll geebnet werden, nivelliert, makadamisiert [Belag à la Mac Adam] – und wo einst der müßige Dichter geklettert und die Nachtigallen belauscht, wird bald eine platte Landstraße sein, eine Eisenbahn, wo der Dampfkessel wiehert und der geschäftigen Gesellschaft vorübereilt.

(Aufzeichnungen, B 6/I, S. 658)

Durch Eisenbahnen plötzlich Vermögenswechsel, dieser in Frankreich gefährlicher als in Deutschland. Deshalb die Regierung mit Scheu an die Eisenbahnen geht.

(Aufzeichnungen, B 6/I, S. 662)

Politik, Geschichte, Freiheit

Daß ich für die Rechte der Juden und ihre bürgerliche Gleichstellung enthousiastisch sein werde das gestehe ich, und in schlimmen Zeiten, die unausbleiblich sind, wird der germanische Pöbel meine Stimme hören daß es in deutschen Bierstuben und Palästen wiederschallt. Doch der geborene Feind aller positiven Religionen wird nie für diejenige Religion sich zum Champion aufwerfen, die zuerst jene Menschenmäkeley aufgebracht, die uns jetzt so viel Schmerzen verursacht; geschieht es auf eine Weise dennoch, so hat es seine besondere Gründe, Gemüthsweichheit, Starrsinn und Vorsicht für Erhaltung eines Gegengifts.

(An Moses Moser, 23. 8. 1823, HSA 20, S. 107)

Seltsame Grille des Volkes! Es verlangt seine Geschichte aus der Hand des Dichters und nicht aus der Hand des Historikers. Es verlangt nicht den treuen Bericht nackter Tatsachen, sondern jene Tatsachen wieder aufgelöst in die ursprüngliche Poesie, woraus sie hervorgegangen. Das wissen die Dichter, und nicht ohne geheime Schadenlust modeln sie willkürlich die Völkererinnerungen, vielleicht zur Verhöhnung stolzstrockner Historiographen und pergamentener Staatsarchivare.

(Reise von München nach Genua, B 2, S. 330)

Es hat wirklich den Anschein, als ob jetzt mehr geistige Interessen verfochten würden als materielle, und als ob die Welthistorie nicht mehr eine Räubergeschichte, sondern eine Geistergeschichte sein solle. Der Haupthebel, den ehrgeizige und habsüchtige Fürsten zu ihren Privatzwecken sonst so wirksam in Bewegung zu setzen wußten, nämlich die Nationalität mir ihrer Eitelkeit und ihrem Haß, ist jetzt morsch und abgenutzt; täglich verschwinden mehr und mehr die törigten Nationalvorurteile, alle schroffen Besonderheiten gehen unter in der Allgemeinheit der europäischen Zivilisation, es gibt jetzt in Europa keine Nationen mehr, sondern nur Parteien, und es ist ein wundersamer Anblick, wie diese trotz der mannigfaltigsten Farben sich sehr gut erkennen, und trotz der vielen Sprachverschiedenheiten sich sehr gut verstehen.

(Reise von München nach Genua, B 2, S. 375 f.)

Was ist aber diese große Aufgabe unserer Zeit?
Es ist die Emanzipation. Nicht bloß die der Irländer, Griechen, Frankfurter Juden, westindischen Schwarzen und dergleichen gedrückten Volkes, sondern es ist die Emanzipation der ganzen Welt, absonderlich Europas, das mündig geworden ist, und sich jetzt losreißt von dem eisernen Gängelbande der Bevorrechteten, der Aristokratie.

(Reise von München nach Genua, B 2, S. 376)

Aber ach! jeder Zoll, den die Menschheit weiter rückt, kostet Ströme Blutes; und ist das nicht etwas zu teuer? Ist das Leben des Individuums nicht vielleicht eben so viel wert wie das des ganzen Geschlechtes? Denn jeder einzelne Mensch ist schon eine Welt, die mit ihm geboren wird und mit ihm stirbt, unter jedem Grabstein liegt eine Weltgeschichte – Still davon, so würden die Toten sprechen, die hier gefallen sind, wir aber leben und wollen weiter kämpfen im heiligen Befreiungskriege der Menschheit.

(Reise von München nach Genua, B 2, S. 378)

Auch die Natur hat ihre Geschichte und das ist eine andere Naturgeschichte als wie die, welche in Schulen gelehrt wird. (Die Stadt Lucca, B 2, S. 477)

Sie mögen Recht haben, daß die Freiheit eine neue Religion ist, die sich über die ganze Erde verbreitet. Aber wie einst jedes Volk, indem es das Christentum annahm, solches nach seinen Bedürfnissen und seinem eigenen Charakter modelte, so wird jedes Volk von der neuen Religion, von der Freiheit, nur dasjenige annehmen was seinen Lokalbedürfnissen und seinem Nationalcharakter gemäß ist.

(Englische Fragmente, B 2, S. 534)

Es läßt sich nicht leugnen, daß auch die Deutschen die Freiheit lieben. Aber anders wie andere Völker. Der Engländer liebt die Freiheit wie sein rechtmäßiges Weib, er besitzt sie, und wenn er sie auch nicht mit absonderlicher Zärtlichkeit behandelt, so weiß er sie doch im Notfall wie ein Mann zu verteidigen, und wehe dem rotgeröckten Burschen, der sich in ihr heilges Schlafgemach drängt – sei es als Galant oder als Scherge. Der Franzose liebt die Freiheit wie seine erwählte Braut. Er glüht für sie, er flammt, er wirft sich zu ihren Füßen mit den überspanntesten Beteuerungen, er schlägt sich für sie auf Tod und Leben, er begeht für sie tausenderlei Torheiten. Der Deutsche liebt die Freiheit wie seine alte Großmutter. (Englische Fragmente, B 2, S. 535 f.)

Keiner kann absehen die Wendung der Dinge. Der spleenige Britte, seines Weibes überdrüssig, legt ihr vielleicht einst einen Strick um den Hals, und bringt sie zum Verkauf nach Smithfield. Der flatterhafte Franzose wird seiner geliebten Braut vielleicht treulos und verläßt sie, und tänzelt singend nach den Hofdamen (courtisanes) seines königlichen Palastes (palais royal). Der Deutsche wird aber seine alte Großmutter nie ganz vor die Türe stoßen, er wird ihr immer ein Plätzchen am Herde gönnen, wo sie den horchenden Kindern ihre Märchen erzählen kann. – Wenn einst, was Gott verhüte, in der ganzen Welt die Freiheit verschwunden ist, so wird ein deutscher Träumer sie in seinen Träumen wieder entdecken.

(Englische Fragmente, B 2, S. 536 f.)

[...] die Freiheit ist eine neue Religion, die Religion unserer Zeit. Wenn Christus auch nicht der Gott dieser Religion ist, so ist er doch ein hoher Priester derselben, und sein Name strahlt beseligend in die Herzen der Jünger. Die Franzosen sind aber das auserlesene Volk der neuen Religion, in ihrer Sprache sind die ersten Evangelien und Dogmen verzeichnet, Paris ist das neue Jerusalem, und der Rhein ist der Jordan, der das geweihte Land der Freiheit trennt von dem Lande der Philister. (Englische Fragmente, B 2, S. 601)

»Bin ich denn wirklich Kaiser? Ach, es ist ja der Narr, der es mir sagt!«
O, seufzt nicht, mein lieber Herr, die Kerkerluft macht Euch so verzagt; wenn Ihr erst wieder Eure Macht errungen, fühlt Ihr auch wieder das kühne Kaiserblut in Euren Adern, und Ihr seid stolz wie ein Kaiser, und übermütig,

und genädig, und ungerecht, und lächelnd, und undankbar, wie Fürsten sind.

»Kunz von der Rosen, mein Narr, wenn ich wieder frei werde, was willst du dann anfangen?«

Ich will mir dann neue Schellen an meine Mütze nähen.

»Und wie soll ich deine Treue belohnen?«

Ach! lieber Herr, laßt mich nicht umbringen.

(Schlußwort nach Englische Fragmente, B 2, S. 605)

Ach! die ganze Zeitgeschichte ist jetzt nur eine Jagdgeschichte. Es ist jetzt die Zeit der hohen Jagd gegen die liberalen Ideen, und die hohen Herrschaften sind eifriger als je und ihre uniformierten Jäger schießen auf jedes ehrliche Herz, worin sich die liberalen Ideen geflüchtet, und es fehlt nicht an gelehrten Hunden, die das blutende Wort als gute Beute heranschleppen.

(Einleitung zu: Kahldorf über den Adel, B 2, S. 667)

Ach! wohl tut es Not, daß die liebe, unverwüstliche, melodische Geschichte der Menschheit unsere Seele tröste in dem mißtönenden Lärm der Weltgeschichte.

(Französische Maler, B 3, S. 69)

Nicht den Werkstätten der Parteien will ich ihren banalen Maßstab entborgen, um Menschen und Dinge damit zu messen, noch viel weniger will ich Wert und Größe derselben nach träumenden Privatgefühlen bestimmen, sondern ich will so viel als möglich parteilos das Verständnis der Gegenwart befördern, und den Schlüssel der lärmenden Tagesrätsel zunächst in der Vergangenheit suchen. Die Salons lügen, die Gräber sind wahr. Aber ach! die Toten, die kalten Sprecher der Geschichte, reden vergebens zur tobenden Menge, die nur die Sprache der Leidenschaft versteht.

(Französische Zustände, B 3, S. 164)

[...]
Jahre kommen und vergehen –
In dem Webstuhl läuft geschäftig
Schnurrend hin und her die Spule –
Was er webt, das weiß kein Weber.

Jahre kommen und vergehen,
Menschentränen träufeln, rinnen
Auf die Erde, und die Erde
Saugt sie ein mit stiller Gier –
[...]

(»Jehuda ben Halevy«, Romanzero, B 6/I, S. 136)

Eine Partei sagt: sie rebelliere, weil sie doch wisse, daß sie nächsten Winter verhungern müsse – der Pöbel tut nichts aus Furcht vor künftiger Not, nur die gegenwärtige Not treibt ihn, sich gegenwärtigen Gefahren auszusetzen – wer die Zukunft fürchtet, der ist in der Gegenwart wenig gefährlich. (Aufzeichnungen, B 6/I, S. 615 f.)

Mißkennt mich nicht, ich will nicht das Volk gegen euch aufwiegeln, sondern nur eur besseres Gefühl aufwiegeln – ich, der ungefährlichste Sprecher in der Stadt – ich spreche

eine Sprache, die von den wenigsten verstanden und vielleicht von niemandem gern gehört wird, ich predige das Evangelium der Freiheit und Gleichheit, der Uneigennützigkeit, der Aufopferung – versteht ihr mich?
Seid gerecht – Alles auf Erden ist vergänglich, und einst kommt die Stunde, wo diese Stadt untergeht – Venedig des Nordens. Sorgt, daß diese Stunde euch nicht unvorbereitet finde, [...] daß nicht die glücklichen Enkel der gedrückten Unglücklichen mit Verachtung und Unwillen eurer gedenken [...] (Aufzeichnungen, B 6/I, S. 616)

Eine Philosophie der Geschichte im Altertum unmöglich. Erst die Jetztzeit hat Materialien dazu: Vico, Herder, Bossuet – Ich glaube, die Philosophen müssen noch tausend Jahr warten, ehe sie den Organismus der Geschichte nachweisen können – bis dahin, glaube ich, nur folgendes ist anzunehmen: Für Hauptsache halte ich: die menschliche Natur und die Verhältnisse (Boden, Klima, überlieferte Gesetzgebung, Krieg, unvorhergesehene und berechenbare Bedürfnisse), beide in ihrem Konflikt oder in ihrer Allianz geben den Fond der Geschichte, sie finden aber immer ihre Signatur im Geiste, und die Idee, von welcher sie sich repräsentieren lassen, wirkt wieder als Drittes auf sie ein; das ist hauptsächlich in unseren Tagen der Fall, auch im Mittelalter. [...] (Aufzeichnungen, B 6/I, S. 620)

Wenn ich Weltgeschichte lese und irgendeine Tat oder Erscheinung mich frappiert, so möchte ich manchmal das Weib sehen, das als geheime Triebfeder dahintersteckt (als Agens mittel- oder unmittelbar) – Die Weiber regieren, obgleich der »Moniteur« nur Männernamen verzeichnet –

sie machen Geschichte, obgleich der Historiker nur Männernamen kennt – [...] (Aufzeichnungen, B 6/I, S. 637)

Die Gesellschaft ist immer Republik – die einzelnen streben immer empor, und die Gesamtheit drängt sie zurück.

(Aufzeichnungen, B 6/I, S. 651)

Ich sehe die Wunden der Vergangenheit klar. Ein Schleier lag auf der Zukunft, aber ein rosafarbiger, und hindurch schimmern goldene Säulen und Geschmeide und klingt es süß – (Aufzeichnungen, B 6/I, S. 651)

Historiker, welche selbst alle Geschichte machen wollen, vergleiche mit den Komödianten in Deutschland, welche die Wut hatten, selbst Stücke zu schreiben – [...] schrieben sie schlecht, um sich als gute Schauspieler zu zeigen? oder spielten sie schlecht, um als gute Schriftsteller zu scheinen? Ebenso unsre Historiker –

(Aufzeichnungen, B 6/I, S. 663 f.)

Meine Poetereyen, ich weiß es, haben noch wenig Werth; nur hier und da wär manches zu finden, woraus man sehen könnte was ich mahl zu geben im Stande bin. Ich war lange nicht mit mir einig über das Wesen der Poesie. Die Leute sagten mir: frage Schlegel. Der sagte mir: lese Göthe. Das hab ich ehrlich gethan, und wenn mal etwas Rechts aus mir wird, so weiß ich wem ich es verdanke.

(An Johann Wolfgang Goethe, 29. 12. 1821, HSA 20, S. 46)

Ich weiß wirklich nicht, ob ich es verdiene, daß man mir einst mit einem Lorbeerkranz den Sarg verziere. Die Poesie, wie sehr ich sie auch liebte, war mir immer nur heiliges Spielzeug, oder geweihtes Mittel für himmlische Zwecke. Ich habe nie großen Wert gelegt auf Dichter-Ruhm, und ob man meine Lieder preiset oder tadelt, es kümmert mich wenig. Aber ein Schwert sollt ihr mir auf den Sarg legen; denn ich war ein braver Soldat im Befreiungskriege der Menschheit. (Reise von München nach Genua, B 2, S. 382)

Ach, wie viel Hitz und Gefahr und Müdigkeit muß ich ausstehen, und wo nur eine Überspannung ist oder eine Schwärmerei, ist auch Herr Gumpel dabei, und ich muß alles mitmachen. Ich wäre schon längst von ihm gegangen, wenn er mich missen könnte. Denn wer soll nachher zu Hause erzählen, wie viel Ehre und Bildung er in der Fremde genossen? Und soll ich die Wahrheit sagen, ich selbst fang an, viel auf Bildung zu geben. In Hamburg hab ich sie gottlob nicht nötig; aber man kann nicht wissen, man kommt einmal nach einem anderen Ort. Es ist eine ganz andere Welt jetzt. Und man hat Recht; so ein bißchen Bildung ziert den ganzen Menschen. Und welche Ehre hat man davon! (Die Bäder von Lucca, B 2, S. 423)

Herr Gumpel meint freilich, es sei nötig für die Bildung, und wenn ich nicht katholisch würde, verstände ich nicht die Bilder, die zur Bildung gehören; nicht den Johann v. Viehesel, den Corretschio, den Carratschio, den Carravatschio – aber ich habe immer gedacht, der Corretschio und Carratschio und Carravatschio können mir nichts helfen, wenn niemand mehr bei mir spielt, und ich komme dann in die Patschio. (Die Bäder von Lucca, B 2, S. 428)

Den deutschen Universitäten muß man überhaupt nachrühmen, daß sie den deutschen Schriftsteller, mehr als jede andere Zunft, mit allerlei Narren versorgen, und besonders Göttingen habe ich immer in dieser Hinsicht zu schätzen gewußt. Dies ist auch der geheime Grund, weshalb ich mich für die Erhaltung der Universitäten erkläre, obgleich ich stets Gewerbefreiheit und Vernichtung des Zunftwesens gepredigt habe. (Die Bäder von Lucca, B 2, S. 450)

Von einem Dichter verlangt man zwei Dinge; in seinen lyrischen Gedichten müssen Naturlaute, in seinen epischen oder dramatischen Gedichten müssen Gestalten sein. Kann er sich in dieser Hinsicht nicht legitimieren, so wird ihm der Dichtertitel abgesprochen [...].

(Die Bäder von Lucca, B 2, S. 458)

In der Kunst bin ich Supernaturalist. Ich glaube, daß der Künstler nicht alle seine Typen in der Natur auffinden kann, sondern daß ihm die bedeutendsten Typen, als eingeborene Symbolik eingeborener Ideen, gleichsam in der Seele geoffenbart werden. (Französische Maler, B 3, S. 46)

Mit Recht klagen die Künstler in dieser Zeit der Zwietracht, der allgemeinen Befehdung. Man sagt, die Malerei bedürfe des friedlichen Ölbaumes in jeder Hinsicht. Die Herzen, die ängstlich lauschen, ob nicht die Kriegstrompete erklingt, haben gewiß nicht die gehörige Aufmerksamkeit für die süße Musik. Die Oper wird mit tauben Ohren gehört, das Ballett sogar wird nur teilnahmslos angeglotzt.

(Französische Maler, B 3, S. 71)

Die Wirklichkeit, nachdem sie das Tonreich durchwandert und auch die bedeutungsvollen Rampenlichter überschritten, steht auf dem Theater als Poesie verklärt uns gegenüber. Wie ein verhallendes Echo klingt noch in ihr der holde Wohllaut der Musik, und sie ist märchenhaft angestrahlt von den geheimnisvollen Lampen. Das ist ein Zauberklang und Zauberglanz, der einem prosaischen Publikum sehr leicht als unnatürlich vorkommt, und der doch noch weit natürlicher ist als die gewöhnliche Natur; es ist nämlich durch die Kunst erhöhete, bis zur blühenden Göttlichkeit gesteigerte Natur.

(Über die französische Bühne, B 3, S. 316)

[...] denn, wie Sie wissen, ich bin für die Autonomie der Kunst; weder der Religion, noch der Politik soll sie als Magd dienen, sie ist sich selber letzter Zweck, wie die Welt selbst. (Über die französische Bühne, B 3, S. 317)

In diesen Liedern [von »Des Knaben Wunderhorn«] fühlt man den Herzschlag des deutschen Volks. Hier offenbart sich all seine düstere Heiterkeit, all seine närrische Vernunft. Hier trommelt der deutsche Zorn, hier pfeift der deutsche Spott, hier küßt die deutsche Liebe. Hier perlt der echt deutsche Wein und die echt deutsche Träne. Letztere ist manchmal doch noch köstlicher als ersterer; es ist Eisen und Salz darin. Welche Naivität in der Treue! In der Untreue, welche Ehrlichkeit!

(Die romantische Schule, B 3, S. 450)

Die Geschichte der Literatur ist eben so schwierig zu beschreiben wie die Naturgeschichte. Dort wie hier hält man sich an die besonders hervortretenden Erscheinungen. Aber wie in einem kleinen Wasserglas eine ganze Welt wunderlicher Tierchen enthalten ist, die eben so sehr von der Allmacht Gottes zeugen, wie die großen Bestien: so enthält der kleinste Musenalmanach zuweilen eine Unzahl Dichterlinge, die dem stillen Forscher eben so interessant dünken, wie die großen Elefanten der Literatur. Gott ist groß!

(Die romantische Schule, B 3, S. 465)

Auch ich will mich jetzt zu Bette begeben, denn ich habe, teurer Freund, bis tief in die Nacht hinein geschrieben, um die Notizen zusammenzustellen, die Sie aufgezeichnet zu sehen wünschten. Ich habe weniger dabei an einen Theaterdirektor gedacht, der mein Ballett auf die Bühne bringen soll, als vielmehr an den Gentleman von hoher Bildung, den alles interessiert, was Kunst und Gedanken ist. Ja, mein Freund, Sie verstehen den flüchtigsten Wink des Dichters, und jedes Wort von Ihnen ist wieder befruchtend für diesen. Es ist mir unbegreiflich, wie Sie, der erprobt praktische Geschäftsmann, doch zugleich mit jenem außerordentlichen Sinn für das Schöne begabt sein konnten, und noch mehr erstaune ich darüber, wie Sie unter allen Tribulationen Ihrer Berufstätigkeit sich so viel Liebe und Begeisterung für die Poesie zu erhalten wußten!

(Der Doktor Faust, Erläuterungen für Lumley, B 6, S. 396)

Moral: Unsere Begriffe: Veredlung, Recht und Unsterblichkeit haben Realität in der Natur. Was wir Heiliges denken, hat Realität, es ist kein Hirngespinst.
Kunst: das Genie trägt im Geiste ein Abbild der Natur, und durch diese erinnert, gebiert es dieses Abbild; das Talent bildet die Natur nach und schafft analytisch, was das Genie synthetisch schafft. Charaktere, welche zwischen beiden schweben –
Kunstwerk: Das sichtbare Werk spricht harmonisch den unsichtbaren Gedanken aus: daher auch Lebenskunst: Harmonie des Handelns und unserer Gesinnung –
Schön ist das Kunstwerk, wenn das Göttliche sich dem Menschlichen freundlich zuneigt: Diana küßt Endymion – *erhaben,* wenn das Menschliche sich zum Göttlichen gewaltsam emporhebt; Prometheus trotzt dem Jupiter – Agamemnon opfert sein Kind – Christus schön und erhaben zugleich –

(Aufzeichnungen, B 6/I, S. 624)

Neue Periode in der Kunst: man entdeckt in der Natur dieselben Gesetze, die auch in unserem Menschengeiste walten, vermenschlicht sie (Novalis), man entdeckt in dem Menschengeiste die Gesetze der Natur, Magnetismus, Elektrizität, anziehende und abstoßende Pole (Kleist) – Goethe zeigt das Wechselverhältnis zwischen Natur und Mensch – Schiller ist ganz Spiritualist, abstrahiert von der Natur, Kantische Ästhetik –

(Aufzeichnungen, B 6/I, S. 624)

Ein Buch will seine Zeit, wie ein Kind. Alle schnell in wenigen Wochen geschriebenen Bücher erregen bei mir ein gewisses Vorurteil gegen den Verfasser. Eine honette Frau bringt ihr Kind nicht vor dem neunten Monat zur Welt.

(Aufzeichnungen, B 6/I, S. 625)

Die französische Kunst – Nachbildung des Realen; da aber die Franzosen seit fünfzig Jahr soviel erleben und sehen konnten, so sind ihre Kunstwerke durch die Nachbildung des Erlebten und Gesehenen viel bedeutender als die Werke deutscher Künstler, die nur durch Seelentraum zu ihren Anschauungen gelangten.
Nur in der Architektur, wo die Natur nicht nachgebildet werden kann, sind die Franzosen zurück –
In der Musik geben sie den Ton ihrer Nationalität: Verstand und Sentimentalität, Geist, Grazie – Drama: Passion, Eklektizismus, eingeführt durch Meyerbeer.

(Aufzeichnungen, B 6/I, S. 629)

Die deutsche Sprache an sich ist reich, aber in der deutschen Konversation gebrauchen wir nur ein zehntel Teil dieses Reichtums – faktisch sind wir also spracharm –
Die französische Sprache an sich ist arm, aber die Franzosen wissen alles, was sie enthält, in der Konversation auszubeuten, und sie sind daher sprachreich in der Tat –
Nur in der Literatur zeigen die Deutschen ihren ganzen Sprachschatz, und die Franzosen, davon geblendet, denken wunders, wie glänzend wir zu Hause – sie haben auch keinen Begriff davon, wie wenig Gedanken bei uns im Umlauf zu Hause – Bei den Franzosen just das Gegenteil, mehr Ideen in der Gesellschaft als in den Büchern, und die Geistreichsten schreiben gar nicht oder bloß zufällig –

(Aufzeichnungen, B 6/I, S. 641)

Lese das Buch, langweilig, schlafe drüber ein, im Schlafe träume ich weiterzulesen, erwache vor Langeweile, und das dreimal – (Aufzeichnungen, B 6/I, S. 653)

Ende der Literatur in der Demokratie: Freiheit und Gleichheit des Stils. Jedem sei es erlaubt, nach Willkür, also so schlecht er wolle, zu schreiben, und doch soll kein anderer ihn stilistisch überragen und besser schreiben dürfen –

(Aufzeichnungen, B 6/I, S. 658)

Glück

Mögen andre das Glück genießen, daß die Geliebte ihr Grabmal mit Blumenkränzen schmückt und mit Tränen der Treue benetzt – O, Weiber! haßt mich, verlacht mich, bekorbt mich! aber laßt mich leben! Das Leben ist gar zu spaßhaft süß; und die Welt ist so lieblich verworren; sie ist der Traum eines weinberauschten Gottes, der sich aus der zechenden Götterversammlung à la française fortgeschlichen, und auf einem einsamen Stern sich schlafen gelegt, und selbst nicht weiß, daß er alles das auch erschafft, was er träumt – und die Traumgebilde gestalten sich oft buntscheckig toll, oft auch harmonisch vernünftig – die Ilias, Plato, die Schlacht bei Marathon, Moses, die medizäische Venus, der Straßburger Münster, die französische Revolution, Hegel, die Dampfschiffe usw., sind einzelne gute Gedanken in diesem schlafenden Gottestraum – aber es wird nicht lange dauern, und der Gott erwacht, und reibt sich die verschlafenen Augen, und lächelt – und unsre Welt ist zerronnen in Nichts, ja, sie hat nie existiert.

(Ideen. Das Buch Le Grand, B 2, S. 253)

Der Mensch erwartet oft einen Kelch mit Nektar, und er kriegt eine Prügelsuppe, und ist auch Nektar süß, so sind doch Prügel desto bitterer; und es ist noch ein wahres Glück, daß der Mensch, der den andern prügelt, am Ende müde wird, sonst könnte es der andere wahrhaftig nicht aushalten. Gefährlicher ist aber noch, wenn das Unglück mit Dolch und Gift, auf dem Wege der Liebe, dem Menschen auflauert, so daß er seines Lebens nicht sicher ist.

(Die Bäder von Lucca, B 2, S. 438)

[...]
Ein neues Lied, ein besseres Lied,
O Freunde, will ich Euch dichten!
Wir wollen hier auf Erden schon
Das Himmelreich errichten.

Wir wollen auf Erden glücklich sein,
Und wollen nicht mehr darben;
Verschlemmen soll nicht der faule Bauch
Was fleißige Hände erwarben.

Es wächst hienieden Brot genug
Für alle Menschenkinder,
Auch Rosen und Myrten, Schönheit und Lust,
Und Zuckererbsen nicht minder.

Ja, Zuckererbsen für jedermann,
Sobald die Schoten platzen!
Den Himmel überlassen wir
Den Engeln und den Spatzen.
[...]

(Deutschland. Ein Wintermärchen,
B 4, S. 578)

Obgleich ich von der Natur und vom Glücke mehr als andere Menschen begünstigt ward; obgleich es mir zur Ausbeutung meiner Geistesgaben weder an Verstand noch an Gelegenheit gebrach; obgleich ich, aufs engste befreundet mit den Reichsten und Mächtigsten dieser Erde, nur zuzugreifen brauchte, um Gold und Ämter zu erlangen: so sterbe ich dennoch ohne Vermögen und Würden. Mein Herz hat es so gewollt, denn ich liebte immer die Wahrheit und verabscheute die Lüge. Meine Hinterlassenschaft ist daher sehr geringfügig und ich sehe mit Betrübnis, daß ich meine arme Ehefrau, die ich, weil ich sie unsäglich liebte, auch unsäglich verwöhnte, verhältnismäßig mit ihren Bedürfnissen in einem vielleicht an Dürftigkeit grenzenden Zustand zurücklasse. [...]

(Testament vom 27. 9. 1846, B 6/I, S. 534)

Das Glück ist eine leichte Dirne,
Und weilt nicht gern am selben Ort;
Sie streicht das Haar dir von der Stirne
Und küßt dich rasch und flattert fort.

Frau Unglück hat im Gegenteile
Dich liebefest ans Herz gedrückt;
Sie sagt, sie habe keine Eile,
Setzt sich zu dir ans Bett und strickt.

(Romanzero, B 6/I, S. 78)

O laß nicht ohne Lebensgenuß
Dein Leben verfließen!
Und bist du sicher vor dem Schuß,
So laß sie nur schießen.

Fliegt dir das Glück vorbei einmal,
So faß es am Zipfel.
Auch rat ich dir, baue dein Hüttchen im Tal
Und nicht auf dem Gipfel.

(Romanzero, B 6/I, S. 124)

Friedliche Gesinnung. Wünsche: bescheidene Hütte, Strohdach, aber gutes Bett, gutes Essen, Milch und Butter, sehr frisch, vor dem Fenster Blumen, vor der Tür einige schöne Bäume, und wenn der liebe Gott mich ganz glücklich machen will, läßt er mir die Freude erleben, daß an diesen Bäumen etwa sechs bis sieben meiner Feinde aufgehängt werden – Mit gerührtem Herzen werde ich ihnen vor ihrem Tode alle Unbill verzeihen, die sie mir im Leben zugefügt – ja, man muß seinen Feinden verzeihen, aber nicht früher, als bis sie gehenkt worden. – Versöhnlichkeit, Liebe, Barmherzigkeit. (Aufzeichnungen, B 6/I, S. 649)

Krankheit und Tod

Im Grunde ist es auch dasselbe, für was man stirbt, wenn nur für etwas Liebes gestorben wird, und so ein warmer, treuer Tod ist besser, als ein kaltes, treuloses Leben. Schon allein die Lieder von einem solchen Tode, die süßen Reime und lichten Worte erwärmen unser Herz, wenn feuchte Nebelluft und zudringliche Sorgen es betrüben wollen.

(Reise von München nach Genua, B 2, 340)

Das ganze italienische Volk ist innerlich krank, und kranke Menschen sind immer wahrhaft vornehmer als gesunde; denn nur der kranke Mensch ist ein Mensch, seine Glieder haben eine Leidensgeschichte, sie sind durchgeistet. Ich glaube sogar, durch Leidenskämpfe könnten die Tiere zu Menschen werden; ich habe mal einen sterbenden Hund gesehen, der in seinen Todesqualen mich fast menschlich ansah. (Reise von München nach Genua, B 2, S. 371)

Es wird freilich noch einige Zeit dauern, bis dieses Fest gefeiert werden kann, bis die Emanzipation durchgesetzt werden wird; aber sie wird doch endlich kommen, diese Zeit, wir werden, versöhnt und allgleich, um denselben Tisch sitzen; wir sind dann vereinigt, und kämpfen vereinigt gegen andere Weltübel, vielleicht am Ende gar gegen den Tod – dessen ernstes Gleichheitssystem uns wenigstens nicht so sehr beleidigt, wie die lachende Ungleichheitslehre des Aristokratismus. (Reise von München nach Genua, B 2, S. 377)

O! es ist keine Übertreibung, wenn der Poet in seinem Schmerze ausruft: das Leben ist eine Krankheit, die ganze Welt ein Lazarett!
»Und der Tod ist unser Arzt – « Ach! ich will nichts Böses von ihm reden, und nicht andre in ihrem Vertrauen stören; denn da er der einzige Arzt ist, so mögen sie immerhin glauben er sei auch der beste, und das einzige Mittel, das er anwendet, seine ewige Erdkur, sei auch das beste.

(Die Stadt Lucca, B 2, S. 491)

Ach! man sollte eigentlich gegen niemanden in dieser Welt schreiben. Jeder ist selbst krank genug in diesem großen Lazarett, und manche polemische Lektüre erinnert mich unwillkürlich an ein widerwärtiges Gezänk, in einem kleineren Lazarett zu Krakau, wobei ich mich als zufälliger Zuschauer befand, und wo entsetzlich anzuhören war, wie die Kranken sich einander ihre Gebrechen spottend vorrechneten, [...] bis am Ende die Fiebertollen nackt aus den Betten sprangen, und den anderen Kranken die Decken und Laken von den wunden Leibern rissen, und nichts als scheußliches Elend und Verstümmelung zu sehen war.

(Die Stadt Lucca, B 2, S. 491 f.).

Die große Ähnlichkeit zwischen beiden Dichtern besteht wohl darin, daß ihre Poesie eigentlich eine Krankheit war. In dieser Hinsicht hat man geäußert, daß die Beurteilung ihrer Schriften nicht das Geschäft des Kritikers, sondern des Arztes sei. Der Rosenschein in den Dichtungen des Novalis ist nicht die Farbe der Gesundheit, sondern der Schwindsucht, und die Purpurglut in Hoffmanns »Phantasiestükken« ist nicht die Flamme des Genies, sondern des Fiebers.

Aber haben wir ein Recht zu solchen Bemerkungen, wir, die wir nicht allzu sehr mit Gesundheit gesegnet sind? Und gar jetzt, wo die Literatur wie ein großes Lazarett aussieht? Oder ist die Poesie vielleicht eine Krankheit des Menschen, wie die Perle eigentlich nur der Krankheitsstoff ist, woran das arme Austertier leidet?

(Die romantische Schule, B 3, S. 441)

Ein lebendiger Deutscher ist schon ein hinlänglich ernsthaftes Geschöpf, und nun erst ein toter Deutscher! Ein Franzose hat gar keine Idee davon, wie ernsthaft wir erst im Tode sind; da sind unsere Gesichter noch viel länger, und die Würmer, die uns speisen, werden melancholisch wenn sie uns dabei ansehen.

(Die romantische Schule, B 3, S. 458)

Sie merken, theurer Freund, wie vague, wie ungewiß mir zu Muthe ist. Solche schwachmatische Stimmung ist jedoch zumeist in meiner Kränklichkeit begründet; Schwindet der Lähmungsdruck, der gleich einem eisernen Reif mir die Brust einklemmt, so wird auch die alte Energie wieder flügge werden. Ich fürchte jedoch das wird noch lange dauern.

(An Karl August Varnhagen von Ense, 3. 1. 1846, HSA 22, S. 181)

Nur wenn ich daran denke daß ich starke Freunde besitze, wie Du bist, so schwillt mir wieder der Kamm der Hahnenkampflust!

(An Johann Friedrich Dieffenbach, 10. 1. 1846, HSA 22, S. 182)

Seit dreißig Jahren diene ich der Freiheitsgöttin treu und redlich, und alles was ich in ihrem Dienst gewonnen, ist die Rückenmarksdarre.

(Beilage zum Brief an Gustav Kolb, 3. 8. 1852, HSA 23, S. 219)

Manchen glaube ich lebend, der längst todt ist, und manchen glaube ich todt, der unterdessen bloß dumm geworden oder schlecht.

(An Joseph Lehmann, 5. 10. 1854, HSA 23, S. 377)

Ich befinde mich noch immer sehr schlecht; beständige Krämpfe und Aergernisse – Aerger über meinen Zustand, der hoffnungslos! Ein Todter, lechzend nach den lebendigsten Lebensgenüssen! Das ist schrecklich. Leben Sie wohl!

(An Elise Krinitz, 20. 7. 1855, HSA 23, S. 435)

[...] denn wahrlich nichts ist mir mehr zuwider wie jene üblichen Condolenzen, jene grausame barbarische Sitte, wo es dem Ersten Besten erlaubt ist, zu jeder beliebigen Stunde den Verband von unseren Wunden abzureißen und unsern Schmerz durch nichtssagende Redensarten aufzustacheln. Solches tröstlich wimmernde lauwarme Trostgeschwätze ist mir weit fataler, als das laute Geheul der heidnischen Todtenklage, und ich sehe hier wie ächt menschlich, wie gefühlvoll zartsinnig dagegen, der fromme Gebrauch der alten Juden ist, die sich schweigend zu dem Leidtragenden niedersetzten, und nach einer Weile, ebenfalls ohne ein Wort zu sagen, wieder fortgehen!

(An Betty de Rothschild, Herbst 1855, HSA 22, S. 458)

Im Christentum kommt der Mensch zum Selbstbewußtsein des Geistes durch den Schmerz – Krankheit vergeistigt, selbst die Tiere – (Aufzeichnungen, B 6/I, S. 622)

Warum jetzt widersprechen – in wenigen Jahren bin ich tot, und dann muß ich mir alle Lügen ja doch gefallen lassen – [. . .] (Aufzeichnungen, B 6/I, S. 647)

Fragen, Zweifel, Angst, Hoffnung

Anfangs wollt ich fast verzagen,
Und ich glaubt, ich trüg es nie;
Und ich hab es doch getragen –
Aber fragt mich nur nicht, wie?

(Buch der Lieder, B I, S. 42)

Fragen

Am Meer, am wüsten, nächtlichen Meer
Steht ein Jüngling-Mann,
Die Brust voll Wehmut, das Haupt voll Zweifel,
Und mit düstern Lippen fragt er die Wogen:

»O löst mir das Rätsel des Lebens,
Das qualvoll uralte Rätsel,
Worüber schon manche Häupter gegrübelt,
Häupter in Hieroglyphenmützen,
Häupter in Turban und schwarzem Barett,
Perückenhäupter und tausend andre
Arme, schwitzende Menschenhäupter –
Sagt mir, was bedeutet der Mensch?
Woher ist er kommen? Wo geht er hin?
Wer wohnt dort oben auf goldenen Sternen?«

Es murmeln die Wogen ihr ewges Gemurmel,
Es wehet der Wind, es fliehen die Wolken,
Es blinken die Sterne, gleichgültig und kalt,
Und ein Narr wartet auf Antwort.

(Buch der Lieder, B I, S. 208)

Und wegen dieser dummen Geschichte haben Sie sich totschießen wollen? Madame, wenn ein Mensch sich totschießen will, so hat er dazu immer hinlängliche Gründe. Darauf können Sie sich verlassen. Aber ob er selbst diese Gründe kennt, das ist die Frage. Bis auf den letzten Augenblick spielen wir Komödie mit uns selber. Wir maskieren sogar unser Elend, und während wir an einer Brustwunde sterben, klagen wir über Zahnweh.
Madame, Sie wissen gewiß ein Mittel gegen Zahnweh? Ich aber hatte Zahnweh im Herzen. Das ist ein schlimmstes Übel, und da hilft sehr gut das Füllen mit Blei und Zahnpulver, das Barthold Schwarz erfunden hat.

(Ideen. Das Buch Le Grand, B 2, S. 308)

Alle Religionen sind heilig, denn bei aller Verschiedenheit der äußeren Formen hegen sie doch ein und denselben heiligen Geist. Das ist die Religion der Religionen.

(Nachlese zu Die Stadt Lucca, B 2, S. 637)

Wenn man an dir Verrat geübt,
Sei du um so treuer;
Und ist deine Seele zu Tode betrübt,
So greife zur Leier.

Die Saiten klingen! Ein Heldenlied,
Voll Flammen und Gluten!
Da schmilzt der Zorn, und dein Gemüt
Wird süß verbluten.

(Romanzero, B 6/I, S. 10)

[...] und eine solche überstarke Dosis von Zweifel ist das Buch Hiob: dieses Gift durfte nicht fehlen in der Bibel, in der großen Hausapotheke der Menschheit. Ja, wie der Mensch, wenn er leidet, sich ausweinen muß, so muß er sich auch auszweifeln, wenn er sich grausam gekränkt fühlt in seinen Ansprüchen auf Lebensglück; und wie durch das heftigste Weinen, so entsteht auch durch den höchsten Grad des Zweifels, den die Deutschen so richtig die Verzweiflung nennen, die Krisis der moralischen Heilung. – Aber wohl demjenigen, der gesund ist und keiner Medizin bedarf! (Ludwig Marcus. Denkworte, B 5, S. 191)

Laß die heilgen Parabolen,
Laß die frommen Hypothesen –
Suche die verdammten Fragen
Ohne Umschweif uns zu lösen.

Warum schleppt sich blutend, elend,
Unter Kreuzlast der Gerechte,
Während glücklich als ein Sieger
Trabt auf hohem Roß der Schlechte.

Woran liegt die Schuld? Ist etwa
Unser Herr nicht ganz allmächtig?
Oder treibt er selbst den Unfug?
Ach, das wäre niederträchtig.

Also fragen wir beständig,
Bis man uns mit einer Handvoll
Erde endlich stopft die Mäuler –
Aber ist das eine Antwort?

(Gedichte. 1853 und 1854, B 6/I, S. 201 f.)

M. hat mir vorgeworfen: ich hätte keine Religion. Nein, ich hab sie alle, ich glaube, daß Brahma etc.
Es ist wahr, vom Himmel hab ich nie viel gehalten, und aus wichtigen Gründen: wenn ich auf dem Rücken lag im Gras und an die Herrlichkeiten des Himmels dachte, dacht ich oft: warum fällt nicht mal etwas davon herunter, z. B. eine goldne Uhrkette, ein Stück Kuchen etc. – statt dessen fällt nur Wasser herunter – wäßrichter Himmel –

(Aufzeichnungen, B 6/I, S. 613)

Trost im Unglück: Juden Hoffnung; wir sind in der Gefangenschaft, Jehova zürnt uns, er schickt einen Retter – Mahometaner: Fatalismus, keiner entgeht seinem Schicksal, es steht oben geschrieben auf Steintafeln, Ergebung, Allah il Allah – Christen, spiritualistische Verachtung des Angenehmen und der Freude, schmerzsüchtiges Verlangen nach dem Himmel, auf Erden Versuchung des Bösen, oben Belohnung – was bietet der neue Glauben?

(Aufzeichnungen, B 6/I, S. 618)

[...]
Das Christentum tritt auf zur Tröstung: die, welche in diesem Leben viel Glück genossen, werden im künftigen davon eine Indigestion haben – die, welche zuwenig gegessen, werden nachträglich das beste Gastmahl aufgetischt finden – die irdischen Prügelflecken werden von den Engeln gestreichelt werden. (Aufzeichnungen, B 6/I, S. 627)

Die römische Kirche stirbt an jener Krankheit, wovon niemand genest: Erschöpfung durch die Macht der Zeit. Weise, wie sie ist, lehnt sie alle Ärzte ab: sie hat in ihrer langen Praxis so manchen Greis schneller als nötig sterben sehen, weil ein energischer Arzt ihn kurieren wollte. Doch wird ihre Agonie noch lange dauern. Sie wird uns alle überleben, den Verfasser dieses Artikels, den Drucker, der ihn setzt, selbst den kleinen Lehrjungen, der die Druckbogen abholt – (Aufzeichnungen, B 6/I, S. 638)

Es sind in Deutschland die Theologen, die dem lieben Gott ein Ende machen – [. . .] (Aufzeichnungen, B 6/I, S. 639)

Fortdauer nach dem Tode: Gott hat nichts manifestiert, was darauf hinwiese, auch redet Moses nicht davon. Es ist Gott vielleicht gar nicht recht, daß die Frommen die Fortdauer so fest annehmen – In seiner väterlichen Güte will er uns vielleicht damit eine Surprise machen –

(Aufzeichnungen, B 6/I, S. 640)

Wir begreifen die Ruinen nicht eher, als bis wir selbst Ruinen sind. (Aufzeichnungen, B 6/I, S. 651)

Gott wird mir die Torheiten verzeihen, die ich über ihn vorgebracht, wie ich meinen Gegnern die Torheiten verzeihe, die sie gegen mich geschrieben, obgleich sie geistig so tief unter mir standen, wie ich unter dir stehe, o mein Gott!

(Aufzeichnungen, B 6/I, S. 665)

Ja, ich hatte in dieser Welt Feinde von der blutdurstigsten Sorte, sowohl männliche als weibliche Shylocks, die darnach lechzten, ein Stück Fleisch aus meinem Herzen zu schneiden, und wirklich ein kleines Stückchen daraus geschnitten haben. Ich will nicht sagen, daß ich ihnen verzeihe, aber auch diese Feinde will ich nicht anklagen als die eigentlichen Urheber meines Unglücks: sie waren nur blinde Werkzeuge eines höheren Willens, nur Automaten, deren Drähte droben im Himmel gelenkt wurden. Nur du, o Gott! bist der wahre Urheber meines Untergangs; jene arme Menschen tragen nicht die Schuld. O Gott! Du wolltest, daß ich zugrunde ging, und ich ging zugrunde. Gelobt sei der Herr! Er hat mich herabgestürzt von dem Postamente meines Stolzes, und ich, der ich in meinem dialektischen Dünkel mich selber für einen Gott hielt und Gefühle hegte und Tugenden übte, die nur einem Gotte ziemten – ich liege jetzt am Boden, arm und elend, und krümme mich wie ein Wurm. Gelobt sei der Herr! Ich trage in Ergebung meine Qualen, und ich leere den Kelch der Erniedrigung, ohne mit den Lippen zu zucken, bis zum letzten Tropfen. Weiß ich doch, daß ich aus dieser Erniedrigung auferstehe, gerechtfertigt, geheiligt und gefeiert.

(Begleitschreiben zum Testament v. Nov. 1851, B 6/I, S. 548 f.)

Nachwort

Heinrich Heine ist berühmt für seine Aperçus. Er besaß Witz und Brillanz. Unvergleichlich seine Gabe, Dinge mit Beispielen zu garnieren und Sachverhalte zuzuspitzen. In den Werken und Briefen finden sich alle paar Seiten Formulierungen, die einem zu denken geben. Die Gedanken besitzen den erwarteten Tiefsinn, aber die Sprache, das Gewand, ist eben doch ohne jene Gravität, der wir allzu gern den Rücken kehren. Was da geschrieben steht, ist frisch und selbst dann, wenn wir es schon zu kennen glauben, unverbraucht. Oft genug jagt ein Witz den andern, eine passende Beobachtung die nächste. Und selbst der Heine-Kenner wird stets aufs neue überrascht. Diese Fülle erschwert zur gleichen Zeit eine Auswahl. An solch einer Blütenlese wird immer etwas auszusetzen sein. Meistens ist zu beklagen, daß das Prinzip Zufall zu regieren scheint und so viel Schönes fehlt. Insofern ist jede Anthologie zweifellos nur ein Mittel zum Zweck: Interesse und Appetit zu wecken, den Dichter für die Leser von heute und morgen neu zu entdecken.

Eine Gliederung bei einem solchen Florilegium, selbst wenn es gemäß der Seitenzahl noch so überschaubar daherkommt, muß sein. Wo kämen wir sonst hin. Wir sprängen vom Hundertsten ins Tausendste und würden uns womöglich verirren. Aber was immer als allgemeine Gliederungshilfe unter großen wie kleinen Worten (an denen wir es hier nicht haben fehlen lassen) angeboten wird, die ausgewählten Texte machen sich selbständig. Sie könnten oft genug auch unter der jeweils anderen Überschrift stehen. Denn bei unserem Dichter hängt alles mit allem zusammen. Die großen Weltereignisse und die kleinen persönlichen Begebenheiten sind eben doch die gemeinsame Grundlage des Lebens. Kommt er auf das eine zu sprechen, mischt sich das andere ein. Und umgekehrt. Insofern verhalten sich die Kapitel wie konzentrische Kreise. Gelegentlich könnten sie einem wie ein Labyrinth vorkommen. Aber Heine gibt uns immer den roten Faden mit, der uns leitet. Das ist trotz aller Bissigkeit seine herzliche Natürlichkeit, trotz aller Schärfe seine verständnisvolle Ader für die Schwächen seiner Leser. Er will sie ja unterhalten und nicht langweilen und abschrecken.

Was angesichts der vielfältigen Textauswahl besonders erstaunen mag: Die Heinesche Schreibart wird im Laufe der Jahre zwar differenzierter und reichhaltiger. Im Prinzip aber bleibt die Begabung für Spontaneität und Schnelligkeit der Beobachtung, die sich im Text niederschlägt, ein Leben lang bestehen. Man möchte glauben, die Texte wären druckreif zu Papier gebracht worden. So frisch, neu und zur Situation passend sind sie. Heine hat aber, wie sich aus seinem Handschriftenarchiv ergibt, an zahlreichen Stellen gefeilt. Er hat ganze Passagen verworfen und sich für die eleganteste Lösung entschieden. Als Quelle für kurze Bemerkungen bieten sich unter anderem besonders jene Splitter seines Schaffens an, die als »Gedanken und Einfälle«, »Aphorismen und Fragmente« oder »Aufzeichnungen«, wie sie von den jeweiligen Herausgebern genannt wurden, vorläufige Ideen oder neben dem Werk einhergehende Gedanken festgehalten haben. Sie wurden darum in der vorliegenden Auswahl auch besonders berücksichtigt. Solche Notizen erheben das Beiläufige zum Prinzip und erreichen damit eine untergründige Kommentierung vieler ausgearbeiteter Texte. Manchmal werden einfach Prosavarianten zu Gedichten festgehalten. Gelegentlich finden Zuspitzungen oder Ergänzungen von an anderen Stellen Gesagtem statt. Jedenfalls eignen sich die Notizen als Brennspiegel des größeren Ganzen der Heineschen Schreibart und seiner Themen besonders gut.

Insgesamt ergibt sich aus diesen Fragmenten wie aus den kurzen Auszügen eine gemeinsame Erfahrung, wie sehr nämlich zwischen den Werken geheime Einvernehmlichkeiten bestehen. Dasselbe gilt nicht selten auch für diese und jene Übereinstimmungen zwischen den Briefen und den Themen wie Formulierungen seiner Schriften. Die Inhalte und Motive, die Metaphern, Beispiele und Geschichten bilden zusammen einen Teppich seines Lebens oder auch das Märchen seines Lebens, wie er es, genau in derselben Weise wie sein Zeitgenosse Hans Christian Andersen, am Schluß im »Memoiren«-Fragment in bezug auf seine Biographie genannt hat. Leben und Schreiben bilden eine Einheit. Der Autor wird zum Medium, aber auch zum Propheten. Auf die individuellen Erfahrungen kommt es dabei zwar an, jedoch sind die größeren Ordnungen und Bedingungen, das, was zur allgemeinen Geschichte wird, vor allem der Gegenstand seiner Darstellung. Von Abhängigkeit, Schwäche oder gar Ohnmacht innerhalb seiner Zeitumstände hat der Autor gewußt. Solchen Widrigkeiten mit Mut und Ausdauer begegnen zu können, das wollte er vermitteln. Dem Wort, davon war er zutiefst überzeugt, wird die Tat folgen. An vielen schlechten Bedingungen der Existenz waren selbstverständlich die Menschen selber schuld. Der hierarchischen Struktur mußte man beikommen, um die Rechte aller durchsetzen zu können. Die Obrigkeit hatte sich oft mit falschen Vorstellungen und Versprechungen aufgeschwungen, der Menge zu zeigen, wo es langzugehen hatte. Freiheit war nur selten dabei herausgesprungen oder nur bedingt erfahrbar. Die ständig präsente Zensur war einzukalkulieren. Als Anwalt der Menschenrechte hat Heine eine seiner wichtigsten Rollen gespielt. Diesen Ideen der Französischen Revolution von Freiheit, Gleichheit und Brüderlichkeit, Forderungen, die für ihn gleichzeitig, trotz allen Mißbrauchs beim revolutionären Prozeß, die Rechte des Evangeliums wieder einsetzen sollten, hat er Raum zu schaffen versucht. Die Literatur kann zwar keine Wunder vollbringen. Aber die Bedingungen dafür, eine richtige Disposition des Herzens und Verstandes, hat er geschaffen.

Zeittafel

1797 | 13. Dezember (Datum unsicher): Harry Heine als Sohn jüdischer Eltern in Düsseldorf geboren. Vater: Samson Heine aus Hannover bzw. Hamburg. Mutter: Peierche (Betty) van Geldern aus Düsseldorf. Kindheit und Schulbesuch in Düsseldorf.

1815 | Herbst: kaufmännische Lehrzeit in Frankfurt/Main und Rückkehr nach Düsseldorf.

1816 | Mitte: Beginn der Hamburger Zeit als Lehrling und Kaufmann; in Hamburg lebt sein Onkel, der Bankier und Millionär Salomon Heine; Liebe zu dessen Tochter Amalie.

1819 | Anfang: Entmündigung Samson Heines und Bankrott des Düsseldorfer Geschäftes sowie der Hamburger Filiale »Harry Heine & Comp.«; Samson nach Hamburg. Mitte: Heines Rückkehr aus Hamburg nach Düsseldorf. Ende: Beginn des Jurastudiums in Bonn; u. a. Bekanntschaft mit August Wilhelm Schlegel.

1820 | Anfang: Umzug der Mutter und Geschwister von Düsseldorf nach Hamburg bzw. Oldesloe (später in Lüneburg und wieder in Hamburg). Ende: Heine zum Wintersemester nach Göttingen.

1821 | Wegen eines Duells der Universität verwiesen; zum Sommersemester nach Berlin; hier Bekanntschaft mit Karl August und Rahel Varnhagen von Ense, Hegel, Chamisso usw.

1822 | »Gedichte« bei Maurer, Berlin. Reise nach Polen.

1823 | »Tragödien, nebst einem lyrischen Intermezzo« bei Dümmler, Berlin. Mai: Ende der Berliner Zeit; nach Lüneburg, Hamburg und Cuxhaven.

1824 | Anfang: Fortsetzung des Studiums in Göttingen. Herbst: Harzreise; bei Goethe in Weimar.

1825 | 28. Juni: Protestantische Taufe in Heiligenstadt auf den Namen Christian Johann Heinrich. 20. Juli: Promotion; anschließend nach Norderney, Lüneburg und Hamburg.

1826 | Beginn des Verlagsverhältnisses mit Hoffmann und Campe, Hamburg. 1. Bd. der »Reisebilder« (u. a. mit der »Harzreise«). Sommerreise von Hamburg nach Cuxhaven und Norderney, anschließend in Lüneburg.

1827 | Wieder in Hamburg. 2. Bd. der »Reisebilder« (u. a. mit »Ideen. Das Buch Le Grand«). Reise nach England. »Buch der Lieder«. November: Reise nach München, dort Redakteur an den »Neuen allgemeinen politischen Annalen« des Verlegers Cotta.

1828 | Bis Mitte des Jahres in München; Reise nach Italien; 2. Dezember: Tod des Vaters; Rückkehr Heines nach Hamburg.

1829 | Heine in Hamburg und Berlin bzw. Potsdam, auf Helgoland und wiederum in Hamburg. 3. Bd. der »Reisebilder« (u. a. mit den »Bädern von Lucca«).

1830 | In Hamburg bzw. Wandsbek; Reise nach Helgoland, dort Nachricht von der französischen Julirevolution.

1831 | »Nachträge zu den Reisebildern« (u. a. mit den »Englischen Fragmenten«). Mai: Übersiedlung nach Paris; im Folgenden Bekanntschaft mit Balzac, Berlioz, Chopin, Dumas, Victor Hugo, Liszt, Nerval, George Sand usw.

1833 | »Französische Zustände«. »Zur Geschichte der neueren schönen Literatur in Deutschland«. »Der Salon«, 1. Bd. (u. a. mit den »Französischen Malern« und »Aus den Memoiren des Herren von Schnabelewopski«).

1834 | »Der Salon«, 2. Bd. (»Zur Geschichte der Religion und Philosophie in Deutschland«).

1835 | Verbot des »Jungen Deutschland«.

1836 | »Die romantische Schule« (Erweiterung seiner »Geschichte der neueren schönen Literatur in Deutschland«).

1837 | »Der Salon«, 3. Bd. (mit den »Florentinischen Nächten« und den »Elementargeistern«). 2. Auflage des »Buchs der Lieder«.

1839 | »Shakespeares Mädchen und Frauen« bei Delloye, Paris.

1840 | »Ludwig Börne« und »Der Salon«, 4. Bd. (u. a. mit dem »Rabbi von Bacherach« und »Über die französische Bühne«).

1841 | Seit dem 31. August mit seiner Gefährtin Augustine Crescence (»Mathilde«) Mirat (1815-1883) verheiratet.

1843 | Erste Reise nach Hamburg. Ende des Jahres wieder in Paris. Bekanntschaft mit Karl Marx.

1844 | Zweite Reise nach Hamburg. »Neue Gedichte« und das Versepos »Deutschland. Ein Wintermärchen«.

1847 | Versepos »Atta Troll. Ein Sommernachtstraum«.

1848 | Seit Mai/Juni durch eine unheilbare Krankheit ans Bett gefesselt (»Matratzengruft«).

1851 | »Romanzero«, sein 3. Gedichtband, und das Ballettszenario »Der Doktor Faust«.

1854 | »Vermischte Schriften« in drei Bänden (u. a. mit den »Geständnissen«, den »Göttern im Exil«, den »Gedichten. 1853 und 1854« und »Lutetia. Berichte über Politik, Kunst und Volksleben«).

1855 | 13. Auflage des »Buchs der Lieder«.

1856 | 17. Februar: Heine im Hause 3, avenue Matignon gestorben; 20. Februar: Beerdigung auf dem Montmartre-Friedhof.

Literaturangaben

Die Titel der Werke werden unter den Texten angegeben und sind (unter Verwendung der Sigle B mit Band- und Seitenangabe) zitiert nach:
Heinrich Heine, Sämtliche Schriften. Hrsg. von Klaus Briegleb. München 1968-1976, 6 Bde. [6/II = Kommentar zu 6/I, Anhang u. Register] (2., gelegentlich auch 3. Aufl. der verschiedenen Bde. in den Jahren 1975 -1996; auch in zahlreichen Taschenbuchausgaben greifbar, wobei die Seitenzahlen und der Satzspiegel identisch sind. Seit der 1985 erfolgten 2. Aufl. des 1. Teilbandes von Bd. 6, der die Texte enthält, wurden die »Memoiren« in revidierter Form nach Erich Loewenthals Ausgabe von 1925 geboten, wodurch sich Textänderungen sowie unwesentliche Seitenverschiebungen auch bei den »Aufzeichnungen« ergeben haben; diese revidierte Fassung liegt unserer Auswahl zugrunde.)
Die Briefe werden mit Empfängernamen und Datum genannt und sind (unter Verwendung der Sigle HSA mit Band- und Seitenangabe) zitiert nach:
Heinrich Heine, Werke, Briefwechsel, Lebenszeugnisse. Säkularausgabe. Hrsg. von den Nationalen Forschungs- und Gedenkstätten der klassischen deutschen Literatur in Weimar (seit 1991: Stiftung Weimarer Klassik) und dem Centre National de la Recherche Scientifique in Paris. Berlin und Paris 1970 ff. (Briefe von Heine: Bd. 20-23)